华南国际知识产权研究文丛

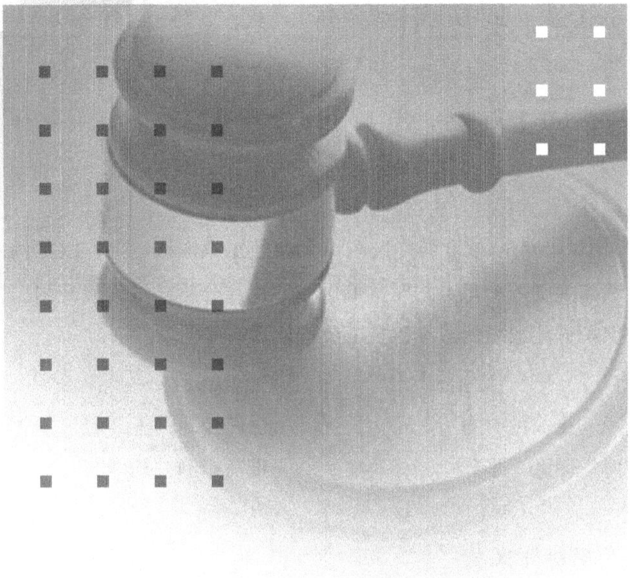

广东涉外知识产权典型案例解析 2019—2020

曾凤辰　赵盛和　叶昌富　常廷彬／编著

知识产权出版社
全国百佳图书出版单位
—北京—

图书在版编目（CIP）数据

广东涉外知识产权典型案例解析：2019—2020/曾凤辰等编著．—北京：知识产权出版社，2021.4

ISBN 978－7－5130－7456－8

Ⅰ.①广… Ⅱ.①曾… Ⅲ.①涉外经济—知识产权—案例—广东—2019－2020 Ⅳ.①D927.650.345

中国版本图书馆CIP数据核字（2021）第052514号

内容提要

本书收录了2019年度至2020年度广东十大涉外知识产权案例，以案例入选的理由以及案例所确立的裁判规则等为重点，对案例进行评述和分析，进而展现出广东乃至我国涉外知识产权司法保护方面取得的成绩以及面临的问题。

责任编辑：王玉茂　可　为　　**责任校对：**王　岩

封面设计：博华创意·张冀　　**责任印制：**刘译文

华南国际知识产权研究文丛

广东涉外知识产权典型案例解析（2019—2020）

曾凤辰　赵盛和　叶昌富　常廷彬　编著

出版发行：知识产权出版社有限责任公司　　**网　　址：**http://www.ipph.cn

社　　址：北京市海淀区气象路50号院　　**邮　　编：**100081

责编电话：010－82000860转8541　　**责编邮箱：**wangyumao@cnipr.com

发行电话：010－82000860转8101/8102　　**发行传真：**010－82000893/82005070/82000270

印　　刷：北京建宏印刷有限公司　　**经　　销：**各大网上书店、新华书店及相关专业书店

开　　本：720mm×1000mm　1/16　　**印　　张：**13

版　　次：2021年4月第1版　　**印　　次：**2021年4月第1次印刷

字　　数：200千字　　**定　　价：**68.00元

ISBN 978－7－5130－7456－8

总 序

党的十九大报告明确指出："创新是引领发展的第一动力，是建设现代化经济体系的战略支撑。"知识产权制度通过合理确定人们对于知识及其他信息的权利，调整人们在创造、运用知识和信息过程中产生的利益关系，激励创新，推动经济发展和社会进步。随着知识经济和经济全球化的深入发展，知识产权日益成为推动世界各国发展的战略性资源，成为增强各国国际竞争力的核心要素，成为建设创新型国家的重要支撑和掌握发展主动权的关键。

广东外语外贸大学作为一所具有鲜明国际化特色的广东省属重点大学，是华南地区国际化人才培养和外国语言文化、对外经济贸易、国际战略研究的重要基地。为了更好地服务于创新驱动发展战略和"一带一路"倡议的实施及科技创新强省的建设，广东外语外贸大学和广东省知识产权局于 2017 年 3 月共同成立了省级科研机构——华南国际知识产权研究院。该研究院本着"国际视野、服务实践"的理念，整合运用广东外语外贸大学在法学、经贸、外语等领域中的人才和资源，以全方位视角致力于涉外及涉港澳台知识产权领域重大理论和实践问题的综合研究，力争建设成为一个国际化、专业化和高水平的知识产权研究基地和国际知识产权智库。

为了增强研究能力，更好地服务于营造法治化、国际化的营商环境和粤港澳大湾区的建设，我们决定组织编写"华南国际知识产权研究文丛"。该文丛以广东省以及粤港澳大湾区这一特定区域内的知识产权情况为研究对象，对区域内具有涉外以及涉港澳台因素的知识产权创造、保护和运营等情况进行深入研究，为提升广东、粤港澳大湾区乃至全国知识产权创造、保护和运用水平，促进社会经济文化的创新发展，提供智力支持。

该文丛是内容相对集中的开放式书库，包括但不限于以下三个系列。

《广东涉外知识产权年度报告》系列丛书。其以广东省涉外知识产权的司法和行政保护以及广东省企业在国外进行知识产权创造和运用等情况作为研究对象，立足广东，从国内和国际两个市场，从整体上研究我国知识产权的创造、保护和运用情况，为进一步完善我国的知识产权法律制度，提高行政机构的知识产权管理和服务能力，提升知识产权的司法和行政保护水平，增强企业在国内和国外两个市场进行知识产权创造、应用和防范，以及应对知识产权风险的能力，进而为推动我国“一带一路”倡议、“走出去”等国家政策的实施，提供智力支持。

《粤港澳大湾区知识产权研究报告》系列丛书。其以粤港澳大湾区内的香港、澳门、广州、深圳等11个城市的知识产权情况为研究对象，全面和深入研究各地的知识产权制度以及知识产权创造、保护和运用等情况，力求推动大湾区内部的知识产权交流与合作，增强和提升大湾区知识产权创造、保护和运用的能力和水平。

《广东涉外知识产权诉讼典型案例解析》系列丛书。其以华南国际知识产权研究院每年评选出的“广东十大涉外知识产权案例”为研究对象，深入解读典型案例所确立的裁判规则，分析涉外知识产权司法保护中的经验和不足，以推动我国知识产权司法保护工作的发展，增强我国企业、个人防范和应对知识产权诉讼的能力。

我们期望并且相信，经过各方的共同努力，该文丛必将成为知识产权研究的特色、精品佳作，为知识产权创造、运用、保护、管理提供高质量的智力指导。

是为序。

石佑启

2019年7月10日

前　言

案例来源于实践，是生动具体的法治。在我国法律实践中，典型案例的引领、示范、指导作用日益凸显。因此，在华南国际知识产权研究院成立伊始，我们就将选评和发布“广东十大涉外知识产权案例”列为研究院的工作重点之一，每年定时评选和发布涉外典型案例。至今，我们已经完成了2016年度、2017年度、2018年度、2019年度广东十大涉外知识产权案例的评选和发布工作。考虑到这些案例所具有的较高典型意义，为进一步挖掘案例的价值，我们决定对评选出的典型案例作进一步的“深加工”——进行较为详细的解析，出版这套《广东涉外知识产权诉讼典型案例解析》系列丛书。

我们认为，包括知识产权诉讼在内的各类民事诉讼的功能不仅在于个案的纠纷解决，还在于确立规则；不仅在于追究个案的公平正义，还在于为国家经济社会的发展保驾护航。在知识产权民事纠纷案件中，涉外及涉港澳台案件虽是“小众”的，但其作为一面“镜子”，映像巨大，意义非凡：

其一，作为知识产权创造、运用的镜子，其可以在一定程度上反映我国在知识产权创造、运用方面取得的成绩和存在的不足。涉外知识产权纠纷案件绝大多数是国外或者港澳台地区的企业、个人以我国内地企业、个人为被告提起的维权诉讼。通过分析和研究这些案例，我们的企业和个人可以发现知识产权创造、保护和运用方面面临的风险和存在的不足，“有则改之，无则加勉”，防范知识产权风险，推动企业的健康发展。

其二，作为知识产权保护的镜子，可反映我国知识产权司法保护的能力和水平。对外部而言，涉外知识产权案例作为代表，可以反映我国知识产权司法保护的能力和水平；就内部来说，涉外知识产权案例作为我国知识产权审判的重要组成部分，与非涉外知识产权案例一起，可反映我国知识产权司法保护的实际情况。

需要特别指出的是，虽然所选案例为广东法院审理的涉外知识产权案件，但基于广东知识产权审判在我国所具有的重要地位，可以说其具有较强的代表性。因此，其所反映的情况，均非地方和局部性的，而是全国和全局性的。

本书是《广东涉外知识产权诉讼典型案例解析》系列丛书的第三册，所解析的案例来自研究院评选、发布的第四届广东十大涉外知识产权案例。本书的作者为曾凤辰、赵盛和、叶昌富、常廷彬四人，具体分工如下：案例1、2、4、5由赵盛和博士解析，案例3由常廷彬教授解析，案例6、8—10由曾凤辰博士解析，案例7由叶昌富教授解析。

囿于学识、能力和时间等方面的限制，本书的内容还存在一些不足之处，敬请各位读者批评和指正。我们将会在今后的工作中更加努力，不断提高本系列丛书的编著质量，以更好地回馈各位读者和社会。

作者

2020年12月于广州

CONTENTS 目录

第一部分　涉外专利权纠纷

第二部分　涉外商标权纠纷

第三部分　涉外著作权纠纷

1

第一部分　涉外专利权纠纷

1 现有技术抗辩成立与否的判断方法和标准

——原田工业株式会社与东莞友华通信配件有限公司侵害发明专利权纠纷案

裁判要旨

被告为进行现有技术比对而提交的两个产品分别为2019年4月和2019年5月所购买取得，而其提交的证据不足以证明这两个产品使用的技术方案早于原告涉案专利2012年1月30日的申请日，违反了《中华人民共和国专利法》（以下简称《专利法》）[1]第二十二条有关现有技术抗辩的规定。

被告将不同产品中两项不同的技术方案组合起来与被诉侵权技术方案进行比对，由此可见其主张的现有技术方案并非一项完整的技术方案，而是将两项独立的技术方案组合而成的技术方案作为现有技术比对方案。该现有技术比对方案违反了《最高人民法院关于审理侵犯专利权纠纷案件应用法律若干问题的解释》第十四条规定的被诉侵权技术方案与一项现有技术方案进行比对的原则。

将被告提交的两项技术方案结合起来再与被诉侵权技术方案进行比对，现有技术方案中没有线圈和振子支架，即被诉侵权技术方案与被告主张的现有技术方案的技术特征不相同或有实质性差异，因此被告提出的现有技术抗辩不成立。

[1] 本书如无特别说明，提及的《专利法》均指2008年修正的版本。

入选理由

该案是一个典型的发明专利侵权纠纷案件，全面反映了该类案件中当事人争议的三个主要焦点：一是被诉侵权技术方案有无落入涉案专利权的保护范围。这涉及涉案专利权利要求的解释和被诉侵权技术方案与涉案专利技术方案的技术特征比对问题。二是被告提起的现有技术抗辩是否成立的问题。这涉及被诉侵权技术方案与现有技术方案的技术特征比对问题。三是被告的侵权责任承担问题。这涉及在被告构成侵权的情况下，其应当承担何种侵权责任以及损害赔偿金额的确定问题。法院判决对上述三个方面问题的裁判规则进行了详细论述，非常具有代表性。特别是法院判决被告停止侵权并销毁库存侵权产品和用于制造被诉侵权产品的专用模具的同时，判决被告赔偿原告100万元的经济损失及维权费用，充分维护了专利权人的合法权益，体现了不断强化知识产权保护力度和水平的司法理念。

案例索引

一审案号：广州知识产权法院（2018）粤73民初762号

基本案情

原告：原田工业株式会社

被告：东莞友华通信配件有限公司

一审诉请

原告向一审法院提出诉讼请求：（1）判令被告立即停止生产、销售侵犯原告ZL201510121116.5号专利权的天线装置［型号包括但不限于39150－T4N－H510－M1（东风本田杰德）、39150－TLA－Z010－M1（东风本田CR－V）产品（以下简称“被诉侵权产品”）]；(2) 判令被告销毁库存被控侵权产品、用于制造被控侵权产品的专用模具；(3) 判令被告赔偿原告因被告侵权行为所受的损失 100 万元，以及原告为调查和制止被告侵权行为支出的合理费用 30 万元，共计 130 万元；(4) 判令被告承担该案全部诉讼费用。

事实和理由：原告设立于 1958 年，其前身为 1947 年设立的有限会社原田电机制作所，是一家国际知名的汽车用天线制造企业。经原告多年研发和技术改进，其汽车用天线产品以优良品质得到了世界主要汽车厂商的高度评价，在包括中国在内的世界市场上具有极高的知名度。

第一，被告未经原告许可，生产、销售被控侵权产品，构成专利侵权。原告于 2012 年 1 月 30 日向国家知识产权局提出有关汽车用天线装置的发明专利申请，并于 2017 年 4 月 12 日获得授权。该发明专利号为 ZL20151012××××.5，名称为“天线装置”。被告成立于 1999 年，专业从事汽车与手机配件业务，向汽车厂商提供了大量汽车天线产品。经原告调查，被告向东风本田汽车有限公司提供型号为 39150 - T4N - H510 - M1 和 39150 - TLA - Z010 - M1 的两款产品。上述产品分别使用在东风本田杰德和东风本田 CR - V 两款汽车上。对比该两款被诉侵权产品与涉案专利，不难发现被诉侵权技术方案落入涉案专利权利要求 1 的保护范围。

第二，被告的行为侵害原告专利权，应当依法承担停止侵权、消除危险、损害赔偿等民事责任。原告请求判令被告停止生产、销售被诉侵权产品；为了防止侵权行为再次发生，消除侵权危险，请求销毁用于生产被诉侵权产品的专用模具和库存的侵权产品。根据相关法律和下列事实，请求判令被告赔偿原告经济损失 100 万元及原告支出的合理费用 30 万元。

1. 被告因侵权行为获得的利益巨大。被告对外提供包括 39150 - T4N - H510 - M1 和 39150 - TLA - Z010 - M1 等在内的多款被诉侵权产品。该两款产品被分别用在东风本田杰德和东风本田 CR - V 两款汽车上。由于每辆汽车均配备天线，因此被诉侵权的两款天线产品销售数量至少应与所适配的汽车销售数量相当。而考虑到售后和维修，两款被诉侵权天线产品的销售总量必然高于两款适配汽车的销售数量。根据搜狐汽车网站上获得的汽车销售记录，自涉案专利2017年4月获得授权，截至11月，东风本田杰德累计销售3.32万辆，东风本田CR－V累计销售11.4109万辆。因此，39150－T4N－H510－M1和39150－TLA－Z010－M1两款被诉侵权产品的销售数量分别至少为3.32万件和11.4109万件。虽然原告无法得知被告就每款被诉侵权产品的获利情况，但该两款被诉侵权产品在东风本田汽车有限公司的特约销售服务店的零售价分别为292.5元和736.15元。按照零售价格10%的利润率计算，两款被诉侵权产品的单件利润分别约为29.3元和73.6元。结合前述销售数量可知，被告经营两款产品的侵权获利分别至少为97.276万元和839.842万元。虽然基于上述计算所得的数据并非精确数据，但销售数量系根据权威业内网站所公布的数据得出，具有较高的可信度；即使从低考虑利润率，也远超原告所请求的100万元。

2. 原告为调查、制止被告的侵权行为支出了合理费用。原告为制止被告的侵权行为进行了数次调查，并公证购买了被诉侵权产品；同时委托司法鉴定机关进行专业鉴定，发生了大量调查费、公证费、产品购买费和鉴定费等。原告为提起诉讼，在日本对诉讼资料进行公证和认证手续，并向对外翻译机构委托诉讼资料的翻译。此外，原告委托律师代为调查取证、进行侵权鉴定并进行诉讼，还发生了相关律师费。原告为调查、制止被告的侵权行为而进行上述事项，支出的合理费用已超过30万元。

基于上述事实和理由，原告为了保护自身合法权益，特向法院提起诉讼，请求法院判如所请。

被告答辩称：（1）被诉侵权产品不具有原告涉案专利权利要求1的全部技术特征，不构成专利侵权；（2）被诉侵权产品使用的是现有技术，未侵犯原告专利权；（3）原告专利权利要求1已经被宣告无效，现权利要求1包括原权利要求3中的技术特征。因此，被告认为原告诉讼请求缺乏事实和法律依据，请求法院予以全部驳回。

案件事实

一审法院经审理查明如下几个方面的事实：

一、关于原告涉案专利权及无效宣告审查的事实

2012 年 1 月 30 日，原告向国家知识产权局申请名称为“天线装置”的发明专利。该专利于 2017 年 4 月 12 日获得公告授权，专利号为 ZL20151012 × × × ×.5。据该专利登记簿副本记载，该专利第七年度年费已缴纳。

涉案专利权利要求书记载有 9 项权利要求。庭审中，原告主张涉案专利的权利保护范围为修改后的权利要求 1。

在该案诉讼过程中，被告针对涉案专利于 2018 年 5 月 18 日向原国家知识产权局专利复审委员会提出过无效宣告请求，请求宣告涉案专利全部无效。在该无效宣告请求审查过程中，原告于 2018 年 9 月 3 日对其涉案专利的权利要求提出过修改意见，将权利要求 3 的附加技术特征增加至权利要求 1 中，并删除权利要求 3，适应性地调整了权利要求的编号和引用关系。涉案专利经修改后的权利要求 1 的具体内容为：“一种天线装置，其特征在于包括：绝缘性的天线罩，其下表面开口且在内部形成有收纳空间；天线底座，包括供该天线罩嵌入的绝缘件；绝缘性的振子支架，其竖立设置于所述天线底座上；伞形振子，其通过所述振子支架配置在所述天线底座的上方，包括顶部和自顶部向两侧倾斜的屋脊状的倾斜部，该伞形振子设有前侧部和后侧部，前侧部的顶部的倾斜角比后侧部的顶部的倾斜角大；放大器基板，其设有使所述伞形振子的接收信号增幅的放大器，以及线圈，其插入在所述伞形振子的输出端和所述放大器的输入端之间，用于使所述伞形振子在规定的频率产生共振，该线圈配置于所述伞形振子的前侧部的下方；所述天线底座包括供所述天线罩嵌入的绝缘底座和比绝缘底座小且固定于所述绝缘底座的导电底座。”

原国家知识产权局专利复审委员会于 2018 年 11 月 21 日作出第 37938 号无效宣告请求审查决定书，决定宣告 ZL20151012 × × × ×.5 号发明的权利要求部分无效，在专利权人于 2018 年 9 月 3 日提交的权利要求 1—8 的基础上继续维持涉案专利有效。

二、关于原告主张被告侵权的事实

根据北京市国立公证处出具的（2017）京国立内证字第 8698 号公证书记

载，2017 年 8 月 8 日，北京魏启学律师事务所的委托代理人肖某磊来到北京市国立公证处，申请对购买被诉侵权产品相关事实办理保全证据公证。当日，肖某磊在该公证处公证人员的监督下，来到北京市朝阳区姚家园路 1－17 标识为“东风本田汽车有限公司北京泛旅特约销售服务店”的场所，以普通消费者的身份，在该场所购买了“天线”产品 1 件，并当场取得了北京增值税普通发票、北京泛旅特约销售服务店结算单和名片各 1 张。购买结束后，肖某磊与公证人员携带上述所购产品回到公证处，公证人员对上述所购买产品的现状、拆卸过程、拆卸后的状态和组装恢复原状后的现状以及购买过程中取得的北京增值税普通发票、北京泛旅特约销售服务店结算单、名片进行拍照，并将恢复原状后的上述所购产品装入纸箱加贴封条并加盖“北京市国立公证处保全证据专用章”，将上述购买过程中取得的北京增值税普通发票、北京泛旅特约销售服务店结算单和名片各 1 张装入北京市国立公证处证物袋后加贴封条并加盖“北京市国立公证处保全证据专用章”，公证人员持数码设备对上述产品封装后的状态进行拍照，并将上述封装的产品交由当事人收存。上述北京增值税普通发票、北京泛旅特约销售服务店结算单均显示购买上述产品的价格为 293 元；所购产品上的标签显示天线型号为 39150－T4N－H510－M1，其包装袋上的标签载有“39150－T4N－H51ZD”“供应商：东莞友华通信配件有限公司”等字样。

根据北京市国立公证处出具的（2017）京国立内证字第 12148 号公证书记载，2017 年 12 月 28 日，北京魏启学律师事务所的委托代理人肖某军来到北京市国立公证处，申请对购买被诉侵权产品相关事实办理保全证据公证。当日，肖某军在该公证处公证人员的监督下，来到北京市朝阳区来广营新北路甲 6 号东风本田汽车广顺锦隆特约销售服务店，以普通消费者的身份购买了该店销售的“天线”产品 3 件。并当场取得北京增值税普通发票、北京广顺锦隆汽车销售服务有限责任公司结算单和名片各 1 张。回到该公证处后，公证人员对现场购买的产品的外观以及拆解后的情况分别进行拍照，随后将上述产品分别装入纸盒进行封存，加贴“国立公证处保全证据备案封单”并加盖“北京市国立公证处保全证据专用章”，公证人员对密封后的情况进行拍照，并将现场取得的结算单、发票、名片分别进行复印，上述物品原件均交由申请人的代理人保存。上述北京增值税普通发票、北京广顺锦隆汽车销售服务有限责任公司结算单均显示购买上述产品的价格为1765元；所购产品上的标签显示天线型号为39150－TLA－Z010－M1，其包装袋上的标签载有“39150－TLA－Z01ZE”“供应商：东莞友华通信配件有限公司”等字样。

原告主张被告实施了制造、销售被诉侵权产品的行为，并当庭提交了由上述北京市国立公证处（2017）京国立内证字第8698号公证书封存的实物（以下简称“被诉侵权产品1”）和北京市国立公证处（2017）京国立内证字第12148号公证书封存的实物（以下简称“被诉侵权产品2”）。经被告确认封存完好后分别拆封，内存物品信息与上述公证书封存信息均一致。被告当庭确认上述两款被诉侵权产品为其制造和销售。

将被诉侵权产品1所实施的技术方案（以下简称“被诉侵权技术方案1”）与涉案专利技术方案进行对比，原告认为被诉侵权技术方案1落入涉案专利技术方案权利要求1的保护范围。被告认为被诉侵权技术方案1与涉案专利技术方案权利要求1相比，至少有3项技术特征不相同也不等同，因此，被诉侵权技术方案1不落入涉案专利技术方案权利要求1的保护范围。具体如下：（1）涉案专利权利要求1包含“绝缘性的振子支架，其竖立设置于所述天线底座上”这一技术特征；而在被诉侵权技术方案1中，振子支架是通过螺钉设置于天线罩内表面的小圆柱体上的，并没有设置于天线底座上。（2）涉案专利权利要求1包含“伞形振子……设有前侧部和后侧部”这一技术特征，而在被诉侵权技术方案1中，振子设有前侧部、后侧部和中间部。（3）涉案专利权利要求1包含“供所述天线罩嵌入的绝缘底座”这一技术特征，而在被诉侵权技术方案1中，天线罩嵌入的是垫圈而非绝缘底座。被诉侵权产品2与被诉侵权产品1的外部组成及内部结构均一致。对被诉侵权产品2所实施的技术方案（以下简称“被诉侵权技术方案2”）与涉案专利技术方案权利要求1进行比对，原告和被告的比对意见均与上述被诉侵权技术方案1与涉案专利技术方案的比对意见一致。

三、被告提出现有技术抗辩的事实

在庭审中，被告提出现有设计抗辩，提交了以下证据，并主张以下列证据中的证据7和证据9的产品实物作为现有技术抗辩的比对文件，证据1—3、6辅助证据7，证据4、5、8辅助证据9，证据10证明现实中两者就是组合使用的。

1. 陈述书及日本国令和元年（2019年）84号认证。该陈述书记载：株式会社TOMAKI SPECIAL PARTS与第一电波工业株式会社一起在2010年7月之前共同开发出了LX colored车顶天线（HYBRID ANTENNA AEROA）。在开发出该LX colored车顶天线后，于2010年7月8日在日本申请了外观设计专利。该LX colored车顶天线至少于2010年11月开始销售，到陈述日为止其结构上未作设计变更。

2. 北京市长安公证处（2019）京长安内经证字第20962号公证书。该公证书对下载专利文献的过程进行公证，附有两篇日本的专利文献。

（1）日本专利号第2915824号发明专利，专利名称：汽车用天线。该专利共有5项权利要求：

> 1. 一种汽车用天线，将天线振子装拆自如地安装于固定在车身上的天线罩，该汽车用天线的特征在于：在所述天线振子的基端部设有分叉状的金属连接件，该分叉状的连接金属件由具有弹性的金属形成并且具备多条腿部，在该连接金属件的各腿部的前端部的外侧面形成有卡合突起；另外，在所述天线罩上设有卡定孔，该卡定孔供所述天线振子的连接金属件的腿部插入并嵌入，在该卡定孔的内表面形成有卡定凹部，该卡定凹部供形成于所述连接金属件的腿部的卡合突起卡定，所述汽车用天线还设有装拆自如的脱离阻止机构，该脱离阻止机构阻止所述各腿部向内侧的变形，以使得卡定于所述卡定凹部的所述连接金属件的腿部的卡合突起不会从所述卡定凹部脱离。
>
> 2. 根据权利要求1所述的汽车用天线，其特征在于，所述卡定孔的卡定凹部是环状的卡定槽。

3. 根据权利要求1或2所述的汽车用天线，其特征在于，所述脱离阻止机构包括可动销和螺丝管，所述可动销在嵌入所述卡定孔中的所述连接金属件的腿部的内侧进退自如，所述螺丝管使所述可动销进退。

4. 根据权利要求3所述的汽车用天线，其特征在于，所述可动销以进入所述连接金属件的腿部的内侧的方式通过施加机构而始终被向所述连接金属件侧施力，仅在必要时通过车室内的开关使所述螺丝管励磁，抵抗所述施力机构的作用力而使所述可动销从所述连接金属件的腿部的内侧退出。

5. 根据权利要求1或2所述的汽车用天线，其特征在于，所述脱离阻止机构包括可动销和螺丝管，所述可动销在嵌入所述卡定孔中的所述连接金属件的腿部的内侧进退自如，所述驱动线使所述可动销进退。

（2）日本专利号第9－284017号发明专利，专利名称：电动式天线。该专利共有5项权利要求：

1. 一种电动式天线，其特征在于，在全长由螺丝线圈构成的天线元件的基端，将刻设有齿条的齿条部件沿所述天线元件的轴向配置，使马达驱动部的小齿轮与所述齿条啮合，通过所述马达驱动部的驱动旋转使所述天线元件沿轴向移动而将其突出及收入自如地构成。

其他权利要求略。

3. 日本国令和元年（2019年）第82号公证书，证明LX colored车顶天线至少于2010年11月即开始对外销售，早于原告专利的申请日（优先权日）2011年3月24日，属于现有技术。该日本公证处对委托人于2019年5月14日在位于日本群马县富冈市富冈1477番地1的富冈公证处从互联网获取技术资料的事实实验进行公证。

4. 陈述书及日本国令和元年（2019年）登簿第13号认证，拟证明YOKOWO株式会社的员工中田德纯早在2008—2010年即设计出了下部天线（micro antenna），早于原告专利的申请日（优先权日）2011年3月24日。该陈述书记载，株式会社友华的员工中田德纯于2003年4月1日起进入公司从事车载天线的设计、开发工作。

5. 购买YOKOWO株式会社天线产品的丰田公司向YOKOWO株式会社发送的应付账款明细书及中文翻译，证明YOKOWO株式会社在2010年3月31日、2011年3月15日即向日本丰田公司销售了下部天线（产品号86300－47051），早于原告专利的申请日（优先权日）2011年3月24日。该证据显示了一些应付账款明细。

6. 日本国令和元年（2019年）第168号公证书及公证购买的产品实物。该公证书记载委托人田泽胜行于2019年5月8日在日本购买了名称为HYBRID ANTENNA AEROA的产品。

7. 上述公证书公证购买的顶部鲨鱼鳍形天线产品。

8. 日本国令和元年（2019年）第73号和第74号公证书及公证购买的产品实物。该两份公证书记载寺下典孝于2019年4月25日购买了放大器天线ASSY No. 1（产品号86300－47051）和车顶天线杆SUB－ASSY（产品号86309－47010）。

9. 上述公证书公证购买的放大器天线和车顶天线杆产品。

上述证据证实顶部鲨鱼鳍形天线和底部现有天线组合在一起能够作为一个车载天线发挥作用，被诉侵权产品属于现有技术。

10. 日本国令和元年（2019年）第81号公证书，证明LX colored车顶天线和分体的微型天线这两个天线组合起来能够与一体部件的对象产品比较，对于本领域技术人员是显而易见的。该日本公证处对株式会社友华的委托人于2019年5月8日在位于日本群马县富冈市富冈1477番地1的富冈公证处从互联网获取技术资料的事实实验进行公证。

11. 北京市长安公证处（2019）京长安内经证字第21187号公证书。该公证书对被告的代理人前往位于北京市海淀区海淀南路甲21号中关村知识产权大厦四层交付物品的过程进行证据保全。

12. 2019年5月13日北京金杜律师事务所与北京智慧知识产权司法鉴定中心签订的司法鉴定协议书。

13. 北京智慧知识产权司法鉴定中心的司法鉴定意见书（被告庭后补充提交）。该司法鉴定意见书显示：北京智慧知识产权司法鉴定中心接受北京金杜律师事务所的委托，就其提供的经日本国令和元年（2019 年）第 168 号公证书购买的株式会社 TOMOKI SPECIAL PARTS 制造的“顶部鲨鱼鳍形天线”和日本国令和元年（2019 年）第 73 号和第 74 号公证书购买的株式会社友华生产的“底部现有天线”组合起来是否能够作为一个车载天线发挥作用以及该组合产品进行鉴定。该鉴定机构经鉴定认为：委托人提供的经日本国令和元年（2019 年）公证书购买的株式会社 TOMOKI SPECIAL PARTS 制造的“顶部鲨鱼鳍形天线”（型号 9AF）和日本国令和元年（2019 年）第 73 号和第 74 号公证书购买的株式会社友华生产的“底部现有天线”（型号 86300－47051）组合起来能够作为一个车载天线发挥作用以及该组合产品等。

上述三份证据证明顶部鲨鱼鳍形天线和底部现有天线组合在一起能作为一个车载天线发挥作用，且该组合天线产品的相应技术特征与被诉侵权产品的全部技术特征相同。因此，被诉侵权产品实施的技术方案属于现有技术，不构成对原告涉案专利的侵害。

一审法院要求被告庭后补充提交上述证据的认证材料，被告在庭审后提交了上述证据的认证材料，原告在庭审中主张该认证材料由法院审核。

原告对被告提交的上述证据提出如下质证意见。证据 1，首先，没有经过认证程序。其次，被告没有提交证人的身份信息，证人也没有出庭作证，对该证人证言的真实性不予认可；且该证言陈述的内容仅说明其具有一个外观设计，没有体现内部结构，不能用于现有技术抗辩。证据 2，打印的专利公报与被诉侵权产品的技术方案差别显著。证据 3，没有经过认证，不符合证据形式要件。该证据内容系 2019 年 5 月 14 日从一个网站上取得的资料，该网站来源不明，事实上原告当场搜索该网站地址，根本无法进入，在不能确认该网站真实可靠性的情况下，也不能证明该网站时间如何产生，是否可以更改，因此，从 2019 年 5 月 14 日取得的产品不能用作现有技术比对，且该产品没有体现任何内部结构。证据 4，首先没有经过认证，不符合证据形式要件。该份证据是被告员工出具的一份证明，系利害关系人出具的证人证言，且该证人没有出庭作证，该证人证言的真实性无法确认；且该声明所体现的是在公司内部进行的设计，是内部文件，不能作为现有技术比对文件；该图纸体现的技术也与被诉侵权产品的技术方案有显著差异。证据5，没有经过公证认证，且来源不明，不能确认真实性、关联性。证据6，没有经过认证，不符合证据形式要件。根据公证书内容，公证员确认委托人一方身份而没有确认交易对象的身份，仅是委托人与另一身份不明的人在公证处交换订单和产品，不符合正常的交易情况，也不能确认该产品是市场上正常销售的产品，且该产品系2019年5月购买，只能体现该产品现阶段的技术特征，不能证明该产品自销售以来没有发生变化，不能作为现有技术抗辩的证据。证据7，没有经过认证，该产品系2019年4月24日购买，同样不能作为现有技术的抗辩证据；且现有技术抗辩应当是被诉侵权产品技术方案与一项现有技术进行比对。被告是将两项目前正在市场上销售的产品的技术方案组合再进行现有技术抗辩，显然不符合现有技术抗辩的法律规定。证据8，没有经过认证，该网站根本无法进入，不能确认该网站所记载时间的真实性；公证书只能证明2019年5月10日在互联网上取得资料，不能作为现有技术抗辩使用，且证据中没有体现任何内部结构和技术特征。证据9，公证书中仅表明交付一个包裹，没有体现包裹与其他公证书的关系，在照片中也没有反映相关内容，公证书也没体现是否为完好的封印，因此不能确认其所提交包裹的内容。另外，结合证据1、2，被告委托鉴定的内容是将购买的两个产品进行结合鉴定是否有相同的技术特征。首先，刚刚购买的产品不能作为现有技术抗辩。其次，也不应将两个技术方案先组合再进行现有技术抗辩。综上，被告提交的现有技术抗辩证据，首先没有经过法律规定的认证手续。该案自起诉以来已超1年，被告有充分的时间进行证据的收集；根据法律规定对域外取得的证据应当进行公证认证手续，其无正当理由延迟完成认证手续应当承担举证不能的后果。其次，被告提交的公证购买产品均仅能体现现阶段的产品结构，没有证据表明专利申请日前的产品结构，因此不能作为现有技术的证据使用。最后，被告将两款产品组合进行现有技术抗辩明显违反了现有技术抗辩的法律规定。原告对被告庭后补充提交的北京智慧知识产权司法鉴定中心司法鉴定意见书发表书面质证意见称，该证据属于被告无合理理由逾期提交的证据，且与该案事实无关，应当不予采纳；该证据是司法鉴定机构将两项相互独立的技术方案结合在一起发挥作用，且这两项技术本身不属于现有技术。因此，该鉴定意见不能证明将这两个产品组合在一起构成车载天线本身是现有技术。

在庭审中，被告主张以证据 7 和证据 9 对应的产品实物作为现有技术抗辩的比对材料，并主张将两者组合起来的技术方案构成现有技术。被告发表比对意见认为：证据 7 中的底板结构基本上与被诉侵权产品的底板一致，功能也基本一致；证据 9 中的外壳与被诉侵权产品的外壳一致，功能也一致。两个证据组合起来的产品构成现有技术。原告发表比对意见认为：这两个产品实物均是 2019 年 4—5 月才购买的产品，不能证明该产品在其涉案专利申请日之前有销售且至今技术没有变化，因此，这两个产品不能作为现有技术的比对材料。并且，现有技术比对原则应当是被诉侵权技术方案与一项现有技术进行比对，被告将两项目前正在市场上销售的产品的技术方案组合再进行现有技术抗辩，不符合我国法律有关现有技术抗辩的规定。即使将这两个产品的技术方案与被诉侵权技术方案进行比对，确认现有技术比对产品中有被诉侵权技术方案中的伞形振子和放大器基板，但被诉侵权技术方案中的底座是嵌入关系，被告主张的现有技术产品的底座不是嵌入式的。被诉侵权技术方案中有一个绝缘性振子支架，其竖立设置于天线底座上，被告主张现有技术的产品没有振子支架。被告主张现有技术产品中的绝缘体和外壳不是嵌入式，与被诉侵权技术方案对应的技术特征均不相同。被告提交两个产品实物的技术方案单独与被诉侵权技术方案进行比对均有显著差异；即使将两者结合起来也仍存在上述区别点，不能构成现有技术要求的相同或无实质性差异，因此，被告主张的现有技术抗辩不成立。

四、关于赔偿方面的事实

在庭审中，原告请求其因被告侵权行为造成的经济损失和为制止侵权行为支付的合理开支由法院酌情确定，并请求法院考虑以下因素。(1) 被告因侵权行为获得的利益。被诉侵权产品主要用于本田杰德和本田 CR－V 两种车型，售价分别为292.5元和736.15元。本田杰德和本田CR－V在2017年5—12月的销售量分别为3.41万辆和12.2609万辆。而被诉侵权产品作为车的天线装置与车具有一一对应关系。因此，可以推定被诉侵权产品的销售量不低于汽车的销售量。根据以上数据，被控侵权产品销售价格为293元和736.15元，虽然价格存在售后店的零售价格差额，但是，即使从低考虑利润，即每个天线装置的利润分别为29.3元和73.6元。按照10%的利润计算，CR－V车型使用的天线获利就会达到800多万元；而且，该案原告主张的侵权时间仅从2017年4月涉案专利获得授权后至起诉时为止。（2）被告具有侵权恶意。原告在起诉前向被告发过警告，被告的日本母公司也曾因多次侵犯原告的专利在日本进行过诉讼。被告明知原告专利的存在，也明知其产品侵犯原告的专利权仍不停止侵权行为，还采用管辖权异议等手段拖延诉讼。（3）原告提交的证据证实其为制止该案侵权行为已支付合理费用399401.11元。原告为此提交搜狐汽车网的网页打印件、被诉侵权产品购买费用发票2张、公证费发票2张、翻译费发票1张、司法鉴定费发票1张和律师费发票5张作为证据。上述网页打印件显示：2017年5—12月本田杰德和本田CR－V的销量分别为3.41万辆和12.2609万辆。被诉侵权产品购买费用发票记载的金额分别为293元和1765元，2张公证费发票记载的金额均为2000元，翻译费发票记载的金额为1583元，司法鉴定费发票记载的金额为10万元，律师费发票记载的金额分别为87031.96元、10万元、67987.85元、13575元、23165.30元。

五、其他事实

被告为外国法人独资的有限责任公司，法定代表人为佐藤昌明，成立时间为1999年11月24日，注册资本为400万美元，经营范围为从事各种通信天线配件（不含卫星电视广播地面接收设施及其关键件）、汽车用天线及其零配件、汽车用中继导线及配套件等的批发及进出口业务。

一审法院认定以上事实，有原告提交的发明专利证书、专利登记簿副本、专利年费收据、公证书、发票、被诉侵权产品实物、网页打印件、无效宣告审查决定书等，被告提交的无效宣告请求审查决定书、公证书、认证书等以及开庭笔录附卷为证。

一审判决

一审法院认为，该案为侵害发明专利权纠纷。原告提交的发明专利证书、专利登记簿副本和专利年费收据等证据，可以证明原告是名称为“天线装置”、专利号为ZL20151012××××.5 的发明专利的专利权人。该专利在有效期内，应当受我国法律保护。

在诉讼中，被告向一审法院申请中止审理。2018 年 5 月 18 日，被告向原国家知识产权局专利复审委员会申请宣告原告涉案专利权无效。2018 年 11 月 21 日，原国家知识产权局专利复审委员会作出无效宣告请求审查决定书，决定在维持涉案专利权利要求 1—8 的基础上继续维持该专利有效。被告请求中止审理，没有法律依据，不予准许。

根据《专利法》第十一条第一款的规定，发明和实用新型专利权被授予后，除该法另有规定的以外，任何单位或者个人未经专利权人许可，都不得实施其专利，即不得为生产经营目的制造、使用、许诺销售、销售、进口其专利产品，或者使用其专利方法以及使用、许诺销售、销售、进口依照该专利方法直接获得的产品。根据原告提交的证据，经公证购买的被诉侵权产品包装上记载的产品供应商为被告，被告在庭审中亦确认其制造、销售了被诉侵权产品。因此，一审法院对被告实施制造、销售被诉侵权产品行为的事实予以确认。

一审法院根据查明的事实及双方的诉辩意见，归纳如下争议焦点：（1）被诉侵权技术方案是否落入涉案专利权的保护范围；（2）被告提出的现有技术抗辩是否成立；（3）民事责任应如何承担。

一、被诉侵权技术方案落入涉案专利权的保护范围

《专利法》第五十九条第一款规定：“发明或者实用新型专利权的保护范围以其权利要求的内容为准，说明书及附图可以用于解释权利要求的内容。”

《最高人民法院关于审理侵犯专利权纠纷案件应用法律若干问题的解释》第二条规定："人民法院应当根据权利要求的记载，结合本领域普通技术人员阅读说明书及附图后对权利要求的理解，确定专利法第五十九条第一款规定的权利要求的内容。"第七条规定："人民法院判定被诉侵权技术方案是否落入专利权的保护范围，应当审查权利人主张的权利要求所记载的全部技术特征。被诉侵权技术方案包含与权利要求记载的全部技术特征相同或者等同的技术特征的，人民法院应当认定其落入专利权的保护范围；被诉侵权技术方案的技术特征与权利要求记载的全部技术特征相比，缺少权利要求记载的一个以上的技术特征，或者有一个以上技术特征不相同也不等同的，人民法院应当认定其没有落入专利权的保护范围。"

该案中，原告主张以涉案专利权利要求 1 确定其专利权保护范围。将涉案专利权利要求 1 所实施的技术方案进行分解，可分为以下 8 个技术特征：（1）一种天线装置；（2）绝缘性的天线罩，其下表面开口且在内部形成有收纳空间；（3）天线底座，包括供该天线罩嵌入的绝缘件；（4）绝缘性振子支架，其竖立设置于所述天线底座上；（5）伞形振子，其通过所述振子支架配置在所述天线底座的上方，包括顶部和自顶部向两侧倾斜的屋脊状的倾斜部，该伞形振子设有前侧部和后侧部，前侧部的顶部的倾斜角比后侧部的顶部的倾斜角大；（6）放大器基板，其设有使所述伞形振子的接收信号增幅的放大器；（7）线圈，其插入在所述伞形振子的输出端和所述放大器的输入端，用于使所述伞形振子在规定的频率产生共振，该线圈配置于所述伞形振子的前侧部的下方；（8）所述天线底座包括供所述天线罩嵌入的绝缘底座和比绝缘底座小且固定于所述绝缘底座的导电底座。

将被诉侵权技术方案 1 与涉案专利权利要求 1 进行对比。经审查，被诉侵权产品 1 为一天线装置，由外壳和内部结构组成。其中外壳由天线罩和下部的底座组成，天线罩由绝缘塑料制成，其下表面开口且在内部形成有收纳空间；底座由绝缘塑料制成，其上固定有比该塑料底座小的导电金属底座，外周与天线罩的开口处的内侧壁面相嵌合。内部结构由电路基板、振子支架、伞形振子、线圈组成。其中电路基板固定于导电基座上；振子支架由绝缘塑料制成，由螺丝安装于天线罩内，通过插接件与天线底座上的电路基板电性连接，在产品正常使用状态下，安装关系为振子支架置于天线底座上方，且振子支架安装位置与天线罩下表面（即天线底座）垂直；伞形振子分前侧部、后侧部和中间部，整个振子通过振子支架置于天线底座上方，其中前侧部的顶部的倾斜角比后侧部的顶部的倾斜角大；线圈的一端连接伞形振子的输出端，另一端与放大器的输入端电性连接。根据被诉侵权产品 1 的上述构成，以及原告和被告双方对被诉侵权技术方案 1 具备涉案专利权利要求 1 中的技术特征（1）（2）（3）（6）（7）均无异议，一审法院确认被诉侵权技术方案 1 具备涉案专利权利要求 1 中的技术特征（1）（2）（3）（6）（7）。在比对时，双方对以下技术特征比对存在争议：（1）被诉侵权技术方案 1 是否具备涉案专利权利要求 1 中的技术特征（4）“绝缘性的振子支架，其竖立设置于所述天线底座上”；（2）被诉侵权技术方案 1 是否具备涉案专利权利要求 1 中的技术特征（5）“伞形振子……设有前侧部和后侧部”；（3）被诉侵权技术方案 1 是否具备涉案专利权利要求 1 中的技术特征（8）“所述天线罩嵌入的绝缘底座”。

（一）关于双方争议的权利要求 1 中的技术特征（4）

被告认为涉案专利权利要求 1 包含“绝缘性的振子支架，其竖立设置于所述天线底座上”这一技术特征，而被诉侵权技术方案 1 中，振子支架是通过螺钉设置于天线罩内表面的小圆柱体上的，并没有设置于天线底座上，因此，两者的技术特征并不相同。一审法院对此认为：（1）涉案专利该项技术特征明确限定了“振子支架”设置在“天线底座”上，按照本领域普通技术人员的理解，振子支架与天线底座在结构上需要存在较为直接的连接关系，而使两者成为一个整体结构。而被诉侵权技术方案 1 的振子支架固定安装在天线罩上，两者并不是一个整体结构，因此，不能认定被诉侵权技术方案 1 的对应技术特征与涉案专利权利要求 1 中“绝缘性的振子支架，其竖立设置于所述天线底座上”这一技术特征相同。（2）被诉侵权技术方案 1 的振子支架安装在天线罩上，之后再通过支架和通电装置连接于天线底座。就该技术方案的总体结构来判断，振子的位置与涉案专利权利要求中振子的位置相同，处于天线底座与天线罩之间，竖立设置于所述天线底座上，实现了振子的基本功能。振子支架起到固定振子的作用，属于基本的振子支架功能。振子支架的大体技术结构并没有产生明显变化，其功能也仅仅是起到固定振子的基本作用。根据实际连接关系和本领域普通技术人员的理解，不能明显得到结论认为先将振子支架安装在天线罩上相比于直接安装在天线底座上具有更优的布局，或是更简便的生产和安装措施，或是能取得更好的效果。实际上，其仅仅是基于生产工艺的简单调整，并不能显然造成生产、安装或是振子实际效果等任何一方面明显有益的效果，属于机械领域的简单固定方式调整，仅实现基本相同的功能，也仅达到基本相同的技术效果。依照《最高人民法院关于审理侵犯专利权纠纷案件应用法律若干问题的解释（二）》第八条第二款的规定，与说明书及附图记载的实现该条第一款所称功能或者效果不可缺少的技术特征相比，被诉侵权技术方案的相应技术特征是以基本相同的手段，实现相同的功能，达到相同的效果，且本领域普通技术人员在被诉侵权行为发生时无须经过创造性劳动就能够联想到的，人民法院应当认定该相应技术特征与功能性特征相同或者等同。因此，被诉侵权技术方案中振子支架安装在天线罩内，但仍竖立设置于所述天线底座上，这属于本领域普通技术人员在被诉侵权行为发生时无须经过创造性劳动就能够联想到的，应当认定该被诉侵权技术方案1的对应技术特征与涉案专利权利要求1中“绝缘性的振子支架，其竖立设置于所述天线底座上”这一技术特征等同。

（二）关于双方争议的权利要求1中的技术特征（5）

被告认为涉案专利权利要求1包含技术特征（5）“伞形振子……设有前侧部和后侧部”，而被诉侵权技术方案1中，振子设有前侧部、后侧部和中间部，其技术特征与涉案专利技术特征（5）不同。一审法院对此认为，对于“一物件设有前部和后部”的表达形式，在本领域中可以理解为只要该部件设置有前部和后部，即可认为是“一物件设有前部和后部”，而无须考虑该部件的前部和后部之间是否有中部或多个部件。具体到涉案专利权利要求1记载的“该伞形振子设有前侧部和后侧部”的技术特征，可以明确是只要伞形振子设有前侧部和后侧部即可。被诉侵权产品中的伞形振子设有前侧部和后侧部。虽然伞形振子除了前侧部和后侧部外，还存在中间部，但涉案专利权利要求 1 并没有排除中间部的存在。因此，被诉侵权产品实施的该项技术方案 1 与涉案专利权利要求 1 包含的技术特征（5）相同。

（三）关于双方争议的权利要求 1 中的技术特征（8）

被告认为涉案专利权利要求 1 包含“供所述天线罩嵌入的绝缘底座”这一技术特征，而被诉侵权技术方案 1 中，天线罩嵌入的是垫圈而非绝缘底座。一审法院认为，在被诉侵权技术方案 1 中，天线罩与垫圈相嵌，垫圈为绝缘材质橡胶制成且供绝缘底座套入，从整体上来看，垫圈属于绝缘底座的一部分。即使先不论垫圈，绝缘底座亦嵌入天线罩中。因此，被诉侵权技术方案 1 与涉案专利权利要求 1 包含的技术特征（8）相同。

综上，被诉侵权技术方案 1 包含与涉案专利权利要求 1 记载的全部技术特征相同或者等同的技术特征，被诉侵权技术方案落入涉案专利权利要求 1 的保护范围。

在庭审中，原告和被告均确认被诉侵权产品 2 与被诉侵权产品 1 的外部组成与内部结构一致。因此，被诉侵权产品 2 实施的技术方案包含有与涉案专利权利要求 1 记载的全部技术特征相同或者等同的技术特征，被诉侵权技术方案 2 亦落入涉案专利权利要求 1 的保护范围。

二、被告提出的现有技术抗辩不能成立

《专利法》第二十二条第一款规定：“授予专利权的发明和实用新型，应当具备新颖性、创造性和实用性。”其中新颖性是指该发明或者实用新型不属于现有技术；也没有任何单位或者个人就同样的发明或者实用新型在申请日以前向国务院专利行政部门提出过申请，并记载在申请日以后公布的专利申请文件或者公告的专利文件中。现有技术是指申请日以前在国内外为公众所知的技术。《最高人民法院关于审理侵犯专利权纠纷案件应用法律若干问题的解释》第十四条第一款规定：“被诉落入专利权保护范围的全部技术特征，与一项现有技术方案中的相应技术特征相同或者无实质性差异的，人民法院应当认定被诉侵权人实施的技术属于专利法第六十二条规定的现有技术。”

该案中，被告提出现有技术抗辩，并主张以其提交的证据日本国令和元年（2019 年）第 168 号公证书及公证购买的产品实物顶部鲨鱼鳍形天线产品与日本国令和元年（2019 年）第 73 号、第 74 号公证书及公证购买的产品实物放大器天线 ASSY No. 1（产品号 86300 – 47051）和车顶天线杆 SUB – ASSY（产品号 86309 – 47010）结合起来作为现有技术的抗辩证据，同时主张证据 1—3、6 辅助证据 7，证据 4、5、8 辅助证据 9。

一审法院认为：（1）被告作为现有技术比对而提交的两款产品分别为 2019 年 4 月和 2019 年 5 月所购买取得，而其提交的证据不足以证明这两款产品使用的技术方案早于原告涉案专利 2012 年 1 月 30 日的申请日，违反了《专利法》第二十二条有关现有技术抗辩的规定。（2）被告将不同产品中两项不同的技术方案组合起来与被诉侵权技术方案进行比对，由此可见其主张的现有技术方案并非一项完整的技术方案，而是将两项独立的技术方案组合而成的技术方案作为现有技术比对方案，该现有技术比对方案违反了《最高人民法院关于审理侵犯专利权纠纷案件应用法律若干问题的解释》第十四条中规定的被诉侵权技术方案与一项现有技术方案进行比对的原则。（3）即使采纳被告提交的现有技术比对材料，其现有技术抗辩意见亦不成立。将被告提交的两项技术方案结合起来再与被诉侵权技术方案进行比对，现有技术方案中没有线圈和振子支架，即被诉侵权技术方案与被告主张的现有技术方案的技术特征不相同或有实质性差异。因此，被告提出的现有技术抗辩不成立，一审法院不予支持。

三、民事责任应如何承担

被告制造和销售的被诉侵权产品使用的技术方案落入原告涉案专利权利要求的保护范围，侵害了原告涉案专利权。根据《中华人民共和国侵权责任法》（以下简称《侵权责任法》）第十五条第一款第（一）项和第（六）项、第二款的规定，承担侵权责任的方式包括停止侵害、赔偿损失，且上述方式可以单独适用，也可以合并适用。该案中，被告未经许可，制造、销售侵害原告涉案专利权的产品，依法应承担停止侵权以及赔偿损失的民事责任。因此，原告诉请被告停止制造和销售被诉侵权产品［包括但不限于涉案的39150－T4N－H510－M1（东风本田杰德）、39150－TLA－Z010－M1（东风本田CR－V）产品］，于法有据，一审法院予以支持。被告作为该案侵权产品的生产者和销售者，理应有库存的被诉侵权产品；且根据侵权产品的结构，由一般常理可知，制造涉案侵权产品需要专用模具。因此，原告请求判令销毁库存被诉侵权产品及制造侵权产品专用模具的诉讼主张有理，一审法院亦予以支持。

关于被告应赔偿原告的经济损失。根据《专利法》第六十五条的规定，侵犯专利权的赔偿数额按照权利人因被侵权所受到的实际损失确定；实际损失难以确定的，可以按照侵权人因侵权所获得的利益确定。权利人的损失或者侵权人获得的利益难以确定的，参照该专利许可使用费的倍数合理确定。赔偿数额还应当包括权利人为制止侵权行为所支付的合理开支。权利人的损失、侵权人获得的利益和专利许可使用费均难以确定的，人民法院可以根据专利权的类型、侵权行为的性质和情节等因素，确定给予1万元以上100万元以下的赔偿。该案中，原告请求法院综合考虑被告的侵权获利、侵权主观恶意以及其为制止侵权行为所支付的合理开支酌情确定其经济损失（包括为制止侵权行为所支付的合理开支）的赔偿数额。依据上述法律规定，综合该案事实和双方当事人提交的证据，一审法院酌情确定被告应当赔偿原告经济损失及为制止侵权所支付的合理开支的赔偿数额：（1）被告侵犯原告的发明专利权，该发明专利目前合法有效。（2）被告的侵权获利较大。被诉侵权产品使用于本田杰德和本田CR－V车型上，原告提交的汽车专业网上销售量的证据可以证明该两款车型的产品销量非常巨大。被告否认原告主张的销售数量和销售利润，但并未提交相应的证据。因此，即使原告提交的网上销售记录证据不足以准确证明被告因侵权行为获得的利益，该等被诉侵权产品的销售量和销售价格也可以作为酌情赔偿的参考因素。（3）被告的侵权行为和主观过错。被告作为一家具有较大规模从事各种通信天线配件、汽车用天线及其零配件等业务的企业，应当知道原告享有涉案专利权，但仍制造和销售了大量被诉侵权产品。（4）原告为制止该案侵权行为支付了合理开支。原告提交的被诉侵权产品购买费用发票、公证费发票、翻译费发票、司法鉴定费发票和律师费发票等证据可以证实其为制止该案侵权行为已支付了合理费用399401.11元。因此，综合考虑涉案专利权的类型、被告的侵权行为和侵权情节以及原告为制止侵权行为支付的合理费用等因素，一审法院酌情确定被告赔偿原告经济损失及为制止侵权行为所支付的合理开支共计100万元；对于原告主张赔偿数额超过上述金额的部分，一审法院不予支持。

综上所述，一审法院依照《侵权责任法》第二条、第三条、第十五条第一款第（一）（六）项及第二款，《专利法》第十一条第一款、第六十五条，《最高人民法院关于审理侵犯专利权纠纷案件应用法律若干问题的解释》第二条、第七条，《最高人民法院关于审理专利纠纷案件适用法律问题的若干规定》第二十二条的规定，判决如下：（1）被告东莞友华通信配件有限公司于判决发生法律效力之日起立即停止制造、销售侵害原告原田工业株式会社名称为“天线装置”、专利号为ZL20151012××××.5发明专利产品的行为。（2）被告东莞友华通信配件有限公司于判决发生法律效力之日起立即销毁库存侵权产品、用于制造被诉侵权产品的专用模具。（3）被告东莞友华通信配件有限公司于判决发生法律效力之日起10日内赔偿原告原田工业株式会社经济损失及为制止侵权行为所支付的合理开支共计100万元。（4）驳回原告原田工业株式会社的其他诉讼请求。该案案件受理费16500元，由原告原田工业株式会社负担3808元，被告东莞友华通信配件有限公司负担12692元。

案例解析

该案是一个典型的发明专利侵权纠纷案件，全面反映了该类案件中当事人争议的三个主要焦点问题。一是被诉技术方案有无落入涉案专利权的保护范围。这涉及涉案专利权利要求的解释和被诉侵权技术方案与涉案专利技术方案技术特征的比对问题。二是被告提起的现有技术抗辩是否成立。这涉及被诉侵权技术方案与现有技术方案技术特征的比对问题。三是被告的侵权责任承担。这涉及在被告构成侵权的情况下，其应当承担何种侵权责任以及损害赔偿金额的确定问题。因笔者在此前的案例解析中已对专利权利要求的解释以及侵权判断标准作了较为详细的论述[1]，故现结合该案，仅对现有技术抗辩的审理和判断问题进行探讨。

一、是否为现有技术的判断规则

根据《专利法》第二十二条的规定，授予专利权的发明和实用新型，应当具备新颖性、创造性和实用性。所谓新颖性，是指该发明或者实用新型不属于现有技术；也没有任何单位或者个人就同样的发明或者实用新型在申请日以前向国务院专利行政部门提出过申请，并记载在申请日以后公布的专利申请文件或者公告的专利文件中。所谓创造性，是指与现有技术相比，该发明具有突出的实质性特点和显著的进步，该实用新型具有实质性特点和进步。所谓实用性，是指该发明或者实用新型能够制造或者使用，并且能够产生积极效果。而该法中所规定的现有技术，则是指申请日以前在国内外为公众所知的技术。

如果一项发明或者实用新型属于现有技术，则其原本是不应当被授予专利权的，其作为一项公知技术，应当允许公众自由实施。相应地，他人实施该项技术就不构成侵权。《专利法》第六十二条明确规定："在专利侵权纠纷中，被控侵权人有证据证明其实施的技术或者设计属于现有技术或者现有设计的，不构成侵犯专利权。"据此，在发明专利侵权纠纷诉讼中，被诉侵权人可以提起现有技术抗辩，以避免承担侵权责任。

根据《专利法》和最高人民法院相应司法解释的规定，法院对被告提出的技术方案是否属于现有技术，需从以下两个方面进行审查和判断。

（一）关于现有技术的判断时点

根据《专利法》第二十二条第五款的规定，现有技术是指申请日以前在国内外为公众所知的技术。因此，是否为现有技术的判断时点是涉案专利的申请日，而不是涉案专利获得授权之日或者被告被诉侵权等其他时点。该案

---

[1] 赵盛和，叶昌富，常廷彬. 广东涉外知识产权诉讼典型案例解析（2018—2019）［M］. 北京：知识产权出版社，2020：29 -24，81 -86.

中，法院之所以未支持被告提出的现有技术抗辩，理由之一就在于："被告作为现有技术比对而提交的两个产品分别为2019年4月和2019年5月所购买取得，而其提交的证据不足以证明这两个产品使用的技术方案早于原告涉案专利2012年1月30日的申请日……"

（二）关于现有技术界定的法律适用

关于现有技术的范围，《专利法》曾有不同的规定。2000年修正的《专利法》第二十二条第二款规定："新颖性，是指在申请日以前没有同样的发明或者实用新型在国内外出版物上公开发表过、在国内公开使用过或者以其他方式为公众所知，也没有同样的发明或者实用新型由他人向国务院专利行政部门提出过申请并且记载在申请日以后公布的专利申请文件中。"据此，在国外已经公开使用而尚未在国内公开使用的技术方案并不属于现有技术。而根据2008年修正的《专利法》第二十二条第五款的规定，该法所称现有技术，是指申请日以前在国内外为公众所知的技术。据此，在国外公开使用而尚未在国内公开使用的技术方案也属于现有技术。显然，2008年修正的《专利法》与2000年修正的《专利法》对于现有技术范围的界定是不同的，因此，适用哪一个版本可能会对现有技术的判断产生不同的影响。

《最高人民法院关于审理侵犯专利权纠纷案件应用法律若干问题的解释（二）》第二十二条规定："对于被诉侵权人主张的现有技术抗辩或者现有设计抗辩，人民法院应当依照专利申请日时施行的专利法界定现有技术或者现有设计。"据此，法院在判断是否构成现有技术时，应以涉诉的专利申请日为准，适用申请日时施行的《专利法》。

二、现有技术抗辩是否成立的判断标准

如果被告提供的技术方案构成现有技术，则需进一步将该现有技术与被诉侵权技术比对，以判断其提出的现有技术抗辩是否成立。《最高人民法院关于审理侵犯专利权纠纷案件应用法律若干问题的解释》第十四条第一款规定："被诉落入专利权保护范围的全部技术特征，与一项现有技术方案中的相应技术特征相同或者无实质性差异的，人民法院应当认定被诉侵权人实施的技术

属于专利法第六十二条规定的现有技术。”据此，现有技术抗辩是否成立，需要通过技术比对的方式进行。

（一）比对对象

在对现有技术抗辩进行审理时，法院应当将被诉侵权技术方案与现有技术方案进行比对，而不是将现有技术方案与涉案专利技术方案进行对比。因为，如果将现有技术方案与涉案专利技术方案进行对比，以此否定涉案专利的新颖性和创造性，则意味着法院通过民事诉讼程序变相地否定了专利权的效力。而根据《专利法》的制度设计，要否定专利权的效力，应当通过专利复审部门的行政程序以及后续的行政诉讼进行，法院不能在民事诉讼程序中直接否定专利权的效力。

（二）评判标准

根据《最高人民法院关于审理侵犯专利权纠纷案件应用法律若干问题的解释》第十四条规定，被诉落入专利权保护范围的全部技术特征，与一项现有技术方案中的相应技术特征相同或者无实质性差异，则相应的现有技术抗辩成立。反之，如果被诉落入专利权保护范围的全部技术特征，与一项现有技术方案中的相应技术特征不相同，且存在实质性差异，则相应的现有技术抗辩不成立。需要注意的是，现有技术抗辩的比对原则是将被诉落入专利权保护范围的全部技术特征与一项现有技术方案进行比对，而不能把多项现有技术方案整合起来作为比对的对象。该案中，被告将不同产品中两项不同的技术方案组合起来与被诉侵权技术方案进行比对，可见其主张的现有技术方案并非一项完整的技术方案，而是将两项独立的技术方案组合而成的技术方案作为现有技术比对方案，该现有技术比对方案明显违反了《最高人民法院关于审理侵犯专利权纠纷案件应用法律若干问题的解释》第十四条规定的被诉侵权技术方案与一项现有技术方案进行比对的原则。

2 专利侵权民事责任的法律适用和构成要件

——向阳技研株式会社诉深圳市鑫宝临五金有限公司侵害发明专利权纠纷案

裁判要旨

根据涉案专利说明书的相关记载，再结合附图所示，本领域普通技术人员可以知晓，涉案专利权利要求1所述“齿轮部件沿一个方向朝第一部件的摆动被外齿面和楔滑动表面之间浮置楔部件的楔作用所限制”的技术特征可以解释为，在外力作用下将第二部件相对于第一部件自起始位置向终点位置摆动的过程中，在第一部件与第二部件处于任一相对位置时撤去外力作用的情况下，浮置楔部件弧形内齿面与齿轮外齿面能够在固定齿面相啮合，从而使第一部件和第二部件保持固定在这一角度，实现对调节后的第一部件的相对位置进行限定，将其定位在期望角度的技术效果。而被诉侵权产品则是在上述相对摆动的过程中，借助设置在楔形部件顶部的弹簧弹性推动楔形部件，使得在撤去外力之后，楔形部件与齿轮在弹簧压力作用下于固定齿面相啮合，从而使第一部件和第二部件保持在固定角度，实现限定第一部件相对位置、将其定位在期望角度的技术效果。且利用弹簧的弹性作用来实现上述固定齿面啮合和角度保持的效果，系本领域较常采用的技术手段。故被诉侵权技术方案与涉案专利的上述相应技术特征相比，属于相同技术特征。

至于被诉侵权产品所采用的两侧对向板上均设跑道形小孔，以及类圆柱形销钉穿过楔形部件中间圆孔插入两侧跑道形小孔中的技术特征，是为了在

第二部件到达终点位置时，通过销钉与跑道形小孔相配合，压制弹簧对楔形部件的作用力，使楔形部件能够脱离与齿轮的啮合，从而便于第二部件回到起始位置。而涉案专利权利要求1并未对与此相关的技术特征进行限定。故被诉侵权产品的该项技术特征与涉案专利权利要求1相比，属于多出的技术特征，不属于该案侵权比对的范围。

入选理由

该案作为一个侵害发明专利权纠纷案件，全面反映了该类诉讼中当事人争议的焦点问题。法院对权利要求如何解释、技术特征如何比对、现有技术抗辩如何审查和判断、侵权责任如何承担等该类案件的核心问题进行了全面的论述，非常具有典型意义。此外，二审判决在一审判决的基础上，增加判决被诉侵权者承担销毁库存产品等法律责任，并把损害赔偿金额从5万元调整到20万元，提升了对发明专利权的保护力度，充分体现了不断强化知识产权司法保障的司法理念。

案例索引

一审案号：广东省深圳市中级人民法院（2015）深中法知民初字第1590号

二审案号：广东省高级人民法院（2018）粤民终800号

基本案情

上诉人（一审原告）：向阳技研株式会社（以下简称“向阳会社”）

上诉人（一审被告）：深圳市鑫宝临五金有限公司（以下简称“鑫宝临公司”）

被上诉人（一审被告）：佛山市保泰五金塑料有限公司（以下简称“保

泰公司”）

一审诉请

向阳会社向一审法院起诉，请求判令：（1）鑫宝临公司、保泰公司立即停止制造、销售、许诺销售其专利产品的行为；（2）鑫宝临公司、保泰公司销毁与实施侵权行为有关的产品、宣传资料；（3）鑫宝临公司、保泰公司连带赔偿给向阳会社造成的经济损失包含合理维权费用，共计人民币50万元；（4）鑫宝临公司、保泰公司共同承担该案的所有诉讼费用。

案件事实

一审法院经审理查明：（1）2009年10月22日，向阳会社向国家知识产权局提出发明专利申请，专利名称是“角度可调铰链”，授权公告日为2014年11月12日，专利号为ZL20091020××××.3。该专利年费缴纳至2016年10月21日。（2）（2015）粤佛顺德第35492号公证书，显示2015年8月18日向阳会社委托代理人在标识为“保泰集团营销中心”的商铺，凭借COMMERCIAL INVOICE单据、中国农业银行银行卡存款业务回单提取了涉嫌侵权产品，公证书附件有提货过程、涉嫌侵权产品的照片。（3）（2015）粤广海珠第19916号公证书，显示经查询www. szxxx. com网站的主办单位名称为鑫宝临公司。（2015）粤广海珠第19917号公证书，显示www. szxxx. com网站有展示涉嫌侵权产品。（4）鑫宝临公司自认制造、销售涉案侵权产品，并销售给保泰公司，保泰公司自认销售涉案侵权产品。（5）向阳会社在该案中请求保护专利权利要求1，具体内容为：一种角度可调铰链，第一部件，该第一部件保持具有非圆形通孔以便围绕该通孔的轴线自由旋转的近似圆盘形齿轮部件；以及第二部件，该第二部件上可拆卸地插入到齿轮部件的通孔中的配合轴部是凸出的。楔滑动表面设置在第一部件的侧面以在该楔滑动表面和齿轮部件的弧形外齿面之间形成沿所述轴线的方向观察时的楔形空间；提供了浮置楔部件，该浮置楔部件的一个表面侧为与齿轮部件的外齿面啮合的弧形内齿面，外表面侧为接触楔滑动表面的接触面，并且该浮置楔部件能在楔形空间中运动，以及浮置楔部件的接触面接触楔滑动表面，内齿面与外齿面啮合，并且齿轮部件沿一个方向朝第一部件的摆动被外齿面和楔滑动表面之间浮置楔部件的楔作用所限制，其中，具有滑动外周表面的圆形低凸起从齿轮部件上的第一侧表面和第二侧表面凸出，并且壳体部设有一对对向板部，每个对向板部都具有圆形保持孔，圆形低凸起的滑动外周表面可滑动地配合在所述圆形保持孔中。(6) 被诉侵权产品与向阳会社请求保护发明专利权利要求 1 的技术比对。经比对，两者在浮置楔部件的楔形空间不同，其他相同，但两者浮置楔部件和楔形空间的工作结构以及功能完全相同。根据《最高人民法院关于审理专利纠纷案件适用法律问题的若干规定》的规定，专利权的保护范围应当以权利要求记载的全部技术特征所确定的范围为准，也包括与该技术特征相等同的特征所确定的范围。等同特征，是指与所记载的技术特征以基本相同的手段，实现基本相同的功能，达到基本相同的效果，并且本领域普通技术人员在被诉侵权行为发生时无须经过创造性劳动就能够联想到的特征。因此，被诉侵权产品具备 ZL20091020××××.3 号发明专利权利要求 1 的所有技术特征。(7) 关于鑫宝临公司现有技术抗辩。鑫宝临公司提交了申请号为 08101337.7、名称为“止动配件”的欧洲专利申请。该专利的发表日期为 2008 年 11 月 12 日。经比对，被诉侵权产品的第一部件和第二部件结构和组装关系与现有技术不同，浮置楔部件的机构与现有技术也不相同，故鑫宝临公司抗辩称被诉侵权产品系采用现有技术的理由不能成立。另查明，向阳会社为制止侵权行为就该案所支付的公证费为人民币 1920 元。

二审中，法院另查明，涉案专利说明书［0060］段记载：“首先，如图 7A 和 7B 所示，当第一部件 1 和第二部件 2 在一直线上时，配合轴部 20 配合到第一部件 1 的通孔 23 中以将第二部件 2 附接于第一部件 1。在这种情况下，浮置楔部件 6 通过内齿面 7 与推出凸起 12 侧的凹凸齿轮齿 25 啮合并通过接触面 9 与楔滑动表面 8 接触以限制齿轮部件 4 沿箭头 R 方向的旋转。该状态为摆动起始状态，在该状态下由第一部件 1 和第二部件 2 形成的角为摆动起始角。在摆动起始状态下，第二部件 2 沿箭头 N 的方向向第一部件 1 摆动。”［0061］段记载：“接下来，如图 8A 至 8C 所示，当第二部件 2 沿箭头 N 的方向抬升时，被弹性部件13朝着齿轮部件4弹性地推动的浮置楔部件6的接触面9与楔滑动表面8略微分开以形成间隙d。然后，如图8C所示，随着抬升运动的继续，浮置楔部件6的引导斜面27接触楔形窗口部5的分级接触部28，浮置楔部件6与齿轮部件4分开间隙d，并且内齿面7略过凹凸齿25，发出咔嗒声。”［0062］段记载：“在这种情况下，浮置楔部件6通过内齿面7与凹凸齿轮齿25啮合并通过接触面9与楔滑动表面8接触以限制第二部件2沿箭头R方向的旋转。因此，第二部件2保持有期望的倾角。滑动外周表面22大致地在圆形保持孔21上滑动以牢固地保持第二部件2的姿态，因为齿轮部件4被配合在圆形保持孔21中的圆形低凸起24保持。”［0063］段记载：“如图9A所示，抬升第二部件2时，浮置楔部件6接触推回凸起10，引导斜面27接触分级接触部28。”［0064］段记载：“然后，如图10A和10B所示，当第二部件2沿箭头N的方向进一步摆动时，被推回凸起10抵抗弹性部件13的弹性力而推回的浮置楔部件6与齿轮部件4分开、掠过分级接触部28，并且被存放在回撤空间11内。也就是说，内齿面7与凹凸齿轮齿25的啮合通过浮置楔部件6与齿轮部件4的分开而被松开。此外，浮置楔部件6抵住齿轮部件4以限制沿箭头N方向的旋转。”

还查明，根据（2014）粤高法民三终字第1824号案查明的事实，向阳会社法定代表人山下雅伸享有名称为“角度调整铰链”、专利号为ZL20041007××××.9的发明专利的专利权，该专利被独占实施许可给东莞向阳金属制品有限公司使用。鑫宝临公司实施了制造、销售、许诺销售侵害该专利权的产品的行为，被二审法院判令赔偿东莞向阳金属制品有限公司经济损失人民币12万元。

一审判决

一审法院认为，该案属侵害发明专利权纠纷。《专利法》和《最高人民法院关于审理专利纠纷案件适用法律问题的若干规定》规定，专利权的保护范围应当以权利要求记载的全部技术特征所确定的范围为准，也包括与该技术特征相等同的特征所确定的范围。发明专利权被授予后，除《专利法》另有规定外，任何单位或者个人未经专利权人许可，都不得实施其专利，即不得为生产经营目的制造、使用、许诺销售、销售、进口其专利产品，或者使用其专利方法以及使用、许诺销售、销售、进口依照该专利方法直接获得的产品。人民法院判定被诉侵权技术方案是否落入专利权的保护范围，应当审查权利人主张的权利要求所记载的全部技术特征。被诉侵权技术方案包含与权利要求记载的全部技术特征相同或者等同的技术特征的，人民法院应当认定其落入专利权的保护范围。经比对，被诉侵权产品与向阳会社涉案专利系同类产品，且具备向阳会社涉案专利权利要求 1 所有技术特征，落入向阳会社专利权的保护范围。

鑫宝临公司销售了被诉侵权产品，且在其公司网站上宣传、推广被诉侵权产品，亦构成销售、许诺销售侵权，且鑫宝临公司自认制造销售涉案侵权产品，故根据现有证据应认定鑫宝临公司实施了制造、销售、许诺销售侵权行为。保泰公司销售了被诉侵权产品，亦构成销售侵权。

关于赔偿数额问题，向阳会社及鑫宝临公司均未提供“因被告侵权致向阳会社受损或被告因侵权获利数额”的确切证据。考虑向阳会社请求保护的涉案专利为发明专利，鑫宝临公司侵权行为的性质为制造、销售、许诺销售侵权；同时，考虑向阳会社为取证、制止侵权行为要支出公证费等费用，一审法院酌情确定鑫宝临公司赔偿向阳会社经济损失（含向阳会社为制止侵权支出的合理费用）人民币 5 万元。

保泰公司侵权行为的性质为销售侵权，产品来源于鑫宝临公司，该案没有证据证明保泰公司明知被诉侵权产品侵害向阳会社涉案专利权仍然销售，故保泰公司合法来源抗辩成立，其仅需停止侵权，无须承担侵权赔偿责任。

综上，依照《专利法》第十一条第一款、第五十九条第一款、第六十五条、第七十条，《最高人民法院关于审理专利纠纷案件适用法律问题的若干规定》第十七条，《中华人民共和国民事诉讼法》（以下简称《民事诉讼法》）第六十四条第一款之规定，一审法院判决：（1）保泰公司、鑫宝临公司立即停止侵犯向阳会社 ZL20091020××××.3 号发明专利权；（2）鑫宝临公司于判决生效之日起 10 日内赔偿向阳会社经济损失及合理维权费用共计人民币 5

万元；（3）驳回向阳会社的其他诉讼请求。保泰公司、鑫宝临公司如果未按判决指定的期间履行给付金钱义务，应当按照《民事诉讼法》第二百五十三条之规定，加倍支付迟延履行期间的债务利息。一审案件受理费人民币8800元，由鑫宝临公司负担人民币8000元，保泰公司负担人民币800元。财产保全费人民币3020元，由鑫宝临公司负担。

二审判决

二审法院认为，该案系侵害发明专利权纠纷。根据当事人的上诉请求与理由、答辩意见，该案的争议焦点为：（1）被诉侵权技术方案是否落入涉案专利权利要求1的保护范围；（2）鑫宝临公司的现有技术抗辩能否成立；（3）鑫宝临公司应当承担何种民事责任。

一、关于被诉侵权技术方案是否落入涉案专利权利要求1的保护范围的问题

《最高人民法院关于审理侵犯专利权纠纷案件应用法律若干问题的解释》第七条规定："人民法院判定被诉侵权技术方案是否落入专利权的保护范围，应当审查权利人主张的权利要求所记载的全部技术特征。被诉侵权技术方案包含与权利要求记载的全部技术特征相同或者等同的技术特征的，人民法院应当认定其落入专利权的保护范围；被诉侵权技术方案的技术特征与权利要求记载的全部技术特征相比，缺少权利要求记载的一个以上的技术特征，或者有一个以上技术特征不相同也不等同的，人民法院应当认定其没有落入专利权的保护范围。"该案中，双方当事人关于被诉侵权技术方案是否落入涉案专利权利要求1的保护范围的争议在于：被诉侵权产品是否具有涉案专利权利要求1所述"楔滑动表面""楔形空间""浮置楔部件"及"齿轮摆动"的相应技术特征。双方对于被诉侵权产品具有涉案专利权利要求1的其他技术特征未提异议，二审法院对此予以确认。关于被诉侵权产品是否具有上述争议技术特征，二审法院详述如下：

首先，拆开被诉侵权产品对向板可见，被诉侵权产品第一部件的板形附接部与齿轮部件相对的侧面为向内有折角的表面，从与齿轮运动平面垂直的

方向上观察，该侧表面与齿轮部件外齿面相结合，形成一个“楔形空间”。楔形空间中设置一楔形部件，该楔形部件的一个表面侧为与齿轮部件的外齿面啮合的弧形内齿面，与之相对的另一表面侧与前述第一部件侧表面接触，顶部表面侧与板形附接件之间有一依靠自身弹性所产生的压力而固定其中的弹簧件，楔形部件通过齿轮摆动及弹簧支撑可在楔形空间内运动，可见该楔形部件即是涉案专利所述楔部件，而前述与楔形部件其中一表面侧接触的第一部件侧表面则为“楔滑动表面”。因此，被诉侵权产品具有涉案专利权利要求1所述“楔滑动表面设置在第一部件的侧面以在该楔滑动表面和齿轮部件的弧形外齿面之间形成沿所述轴线的方向观察时的楔形空间；提供了浮置楔部件，该浮置楔部件的一个表面侧为与齿轮部件的外齿面啮合的弧形内齿面，外表面侧为接触楔滑动表面的接触面，并且该浮置楔部件能在楔形空间中运动，以及浮置楔部件的接触面接触楔滑动表面，内齿面与外齿面啮合”的技术特征。

其次，根据涉案专利说明书［0060］、［0061］、［0062］、［0063］、［0064］段记载，再结合附图7A、7B、8A、8B、8C、9A、9B、10A、10B所示，本领域普通技术人员可以知晓，涉案专利权利要求1所述“齿轮部件沿一个方向朝第一部件的摆动被外齿面和楔滑动表面之间浮置楔部件的楔作用所限制”的技术特征可以解释为，在外力作用下将第二部件相对于第一部件自起始位置向终点位置摆动的过程中，在第一部件与第二部件处于任一相对位置时撤去外力作用的情况下，浮置楔部件弧形内齿面与齿轮外齿面能够在固定齿面相啮合，从而使第一部件和第二部件保持固定在这一角度，实现对调节后的第一部件的相对位置进行限定、将其定位在期望角度的技术效果。而被诉侵权产品则是在上述相对摆动的过程中，借助设置在楔形部件顶部的弹簧弹性推动楔形部件，使得在撤去外力之后，楔形部件与齿轮在弹簧压力作用下于固定齿面相啮合，从而使第一部件和第二部件保持在固定角度，实现限定第一部件相对位置、将其定位在期望角度的技术效果。且利用弹簧的弹性作用来实现上述固定齿面啮合和角度保持的效果，系本领域较常采用的技术手段。故被诉侵权技术方案与涉案专利的上述相应技术特征相比，属于相同技术特征。关于鑫宝临公司所辩称的被诉侵权产品齿轮是向第一部件“转动”而并非涉案专利所述“摆动”的问题，根据齿轮运动的一般常识以及涉案专利权利要求1中“围绕该通孔的轴向自由旋转的近似圆盘形齿轮部件”的表述即可知晓，涉案专利所述“齿轮部件沿一个方向朝第一部件的摆动”即是指齿轮的转动，被诉侵权产品与涉案专利的齿轮运动方式并无不同。

至于被诉侵权产品所采用的两侧对向板上均设跑道形小孔，以及类圆柱形销钉穿过楔形部件中间圆孔插入到两侧跑道形小孔中的技术特征，是为了在第二部件到达终点位置时，通过销钉与跑道形小孔相配合，压制弹簧对楔形部件的作用力，使楔形部件能够脱离与齿轮的啮合，从而便于第二部件回到起始位置。而涉案专利权利要求1并未对与此相关的技术特征进行限定。故被诉侵权产品的该项技术特征与涉案专利权利要求1相比，属于多出的技术特征，不属于该案侵权比对的范围。

综上所述，被诉侵权产品具有涉案专利权利要求1的全部技术特征，落入涉案专利权的保护范围。鑫宝临公司关于被诉侵权产品缺少涉案专利多个技术特征的上诉理由不能成立。

二、关于鑫宝临公司的现有技术抗辩能否成立的问题

《最高人民法院关于审理侵犯专利权纠纷案件应用法律若干问题的解释》第十四条第一款规定：“被诉落入专利权保护范围的全部技术特征，与一项现有技术方案中的相应技术特征相同或者无实质性差异的，人民法院应当认定被诉侵权人实施的技术属于专利法第六十二条规定的现有技术。”鑫宝临公司为证明被诉侵权产品使用的是现有技术，提交了申请号为08101337.7的欧洲专利文件。该专利文件经过深圳市元卓翻译有限公司翻译，符合域外证据的形式要求。该欧洲专利的发表日期为2008年11月12日，早于涉案专利优先权日，可以作为该案现有技术抗辩的对比文件。将被诉落入涉案专利权保护范围的技术方案与该对比文件相比对，两者至少具有以下区别特征：被诉侵权技术方案的第一部件保持具有非圆形通孔的近似圆盘形齿轮部件，第二部件可拆卸地插入到齿轮部件的通孔中的配合轴部是凸出的；具有滑动外周表

面的圆形低凸起从齿轮部件上的第一侧表面和第二侧表面凸出，并且壳体部的每个对向板都具有圆形保持孔，圆形低凸起的滑动外周表面可滑动地配合在所述圆形保持孔中。对比文件直接将止动杆（相当于被诉侵权技术方案的第二部件）一端设计为圆弧状带外齿的圆头，且齿轮部分无非圆形通孔、滑动外周表面的圆形低凸起等技术特征。因此，被诉侵权技术方案相对于对比文件而言，能够使第一、第二部件之间的摆动起始角和终止角发生改变，并使得齿轮部件不易磨损且便于组装，而这也正是涉案专利的发明点所在。故该对比文件并未公开被诉落入涉案专利权保护范围的全部技术方案，鑫宝临公司的现有技术抗辩不能成立，二审法院不予支持。

三、关于鑫宝临公司应当承担何种民事责任的问题

鑫宝临公司实施了制造、销售、许诺销售被诉侵权产品的行为，应当承担停止侵权、赔偿损失的民事侵权责任。

关于停止侵权的问题。向阳会社上诉请求判令鑫宝临公司销毁被诉侵权产品库存，并删除其在网站上发布的被诉侵权产品链接，鑫宝临公司在二审庭审中亦同意在被诉侵权产品构成侵权的情况下销毁库存及撤回网站相关宣传信息，故向阳会社该项诉讼请求于法有据，二审法院予以支持。

关于赔偿损失的问题。《专利法》第六十五条第二款规定：“权利人的损失、侵权人获得的利益和专利许可使用费均难以确定的，人民法院可以根据专利权的类型、侵权行为的性质和情节等因素，确定给予一万元以上一百万元以下的赔偿。”该案中，向阳会社因被侵权所遭受的损失、鑫宝临公司侵权所获得的利益以及专利许可使用费均无法确定，一审法院适用前述法定赔偿条款确定侵权损害赔偿数额并无不当。二审法院综合考虑涉案专利为发明专利，鑫宝临公司实施了制造、销售、许诺销售被诉侵权产品的行为，鑫宝临公司曾经实施侵害向阳会社法定代表人享有的“角度调整铰链”发明专利权的行为，以及向阳会社在该案中委托律师应诉、进行公证保全必然需要支出维权费用等因素，酌情判令鑫宝临公司赔偿向阳会社经济损失及合理维权费用共计人民币20万元。一审法院所确定的人民币5万元赔偿数额过低，不足以弥补向阳会社因被侵权所遭受的损失，二审法院依法予以调整。

至于向阳会社上诉请求判令保泰公司与鑫宝临公司连带赔偿其经济损失的问题，保泰公司在该案中仅实施了销售被诉侵权产品的行为，其所销售的产品来源于鑫宝临公司，且向阳会社没有提供证据证明保泰公司明知该产品侵害涉案专利权，一审法院据此认定保泰公司的合法来源抗辩成立。故保泰公司在该案中仅需承担停止侵权的责任，无须承担侵权赔偿责任。二审法院对于向阳会社提出的保泰公司承担连带赔偿责任的上诉请求不予支持。

综上所述，向阳会社的上诉请求部分成立，予以支持；鑫宝临公司的上诉请求不能成立，予以驳回。二审法院依照《侵权责任法》第十五条，《专利法》第五十九条、第六十二条、第六十五条，《最高人民法院关于审理侵犯专利权纠纷案件应用法律若干问题的解释》第七条、第十四条第一款，《最高人民法院关于审理侵犯专利权纠纷案件应用法律若干问题的解释（二）》第八条，《民事诉讼法》第一百七十条第一款第（二）项的规定，判决如下："一、维持中华人民共和国广东省深圳市中级人民法院（2015）深中法知民初字第1590号民事判决第一项；二、撤销中华人民共和国广东省深圳市中级人民法院（2015）深中法知民初字第1590号民事判决第三项；三、变更中华人民共和国广东省深圳市中级人民法院（2015）深中法知民初字第1590号民事判决第二项为：深圳市鑫宝临有限公司于本判决生效之日起十日内赔偿向阳技研株式会社经济损失及合理维权费用共计人民币20万元；四、深圳市鑫宝临有限公司于本判决生效之日起十日内销毁被诉侵权产品库存，并删除www. szxxx. com网站上的被诉侵权产品链接；五、驳回向阳技研株式会社的其他诉讼请求。"

案例解析

该案是一个典型的涉外发明专利侵权纠纷案件，当事人争议的焦点主要集中在三个方面：一是被诉侵权技术有无落入涉案专利权的保护范围，具体而言，是被诉侵权技术方案的技术特征与涉案专利权利要求1中的技术特征是否相同或者等同；二是被诉侵权人所提出的现有技术抗辩是否成立；三是被诉侵权人应当如何承担民事法律责任。从法院的判决情况来看，一审、二审判决主要存在两个方面的区别：其一，两级法院虽然均认为被诉侵权行为构成侵权，但两者的理由实际上并不相同——一审判决认为构成等同侵权而二审判决则认为构成相同侵权；其二，对于民事责任的承担，二审改判被诉侵权者承担销毁被诉侵权产品库存等责任，并增加了损害赔偿的金额。现结合二审法院的改判情况，对所涉的两方面问题作简要的分析和评述。

一、相同侵权与等同侵权的区分及意义

（一）相同侵权与等同侵权的区分

《最高人民法院关于审理侵犯专利权纠纷案件应用法律若干问题的解释》第七条规定："人民法院判定被诉侵权技术方案是否落入专利权的保护范围，应当审查权利人主张的权利要求所记载的全部技术特征。被诉侵权技术方案包含与权利要求记载的全部技术特征相同或者等同的技术特征的，人民法院应当认定其落入专利权的保护范围；被诉侵权技术方案的技术特征与权利要求记载的全部技术特征相比，缺少权利要求记载的一个以上的技术特征，或者有一个以上技术特征不相同也不等同的，人民法院应当认定其没有落入专利权的保护范围。"根据上述规定，专利侵权分为相同侵权和等同侵权两种表现形态。

1. 相同侵权与等同侵权的区分标准

所谓相同侵权，是指被诉侵权技术方案包含与权利要求记载的全部技术特征相同的技术特征的侵权形态。而所谓等同侵权，则是指被诉侵权技术方案包含的技术特征虽然与权利要求记载的全部技术特征都不相同，但全部等同，或者虽然不完全相同，但不相同的部分都等同的侵权形态。可见，两者区分的标准在于，被诉侵权技术方案保护的技术特征与权利要求记载的技术特征相比，属于相同特征还是等同特征。顾名思义，相同特征是完全一样的特征。而根据《最高人民法院关于审理专利纠纷案件适用法律问题的若干规定》第十七条第二款的规定，等同特征则是指与所记载的技术特征以基本相

同的手段，实现基本相同的功能，达到基本相同的效果，并且本领域普通技术人员在被诉侵权行为发生时无须经过创造性劳动就能够联想到的特征。

值得说明的是，两个技术特征相比较，属于相同特征还是等同特征看似区分标准明确，实则具有相当的主观性和模糊性。就该案而言，一审判决认为属于等同特征，二审法院则认为其属于相同特征，就足以说明这一问题。

2. 相同侵权与等同侵权的关系

相同侵权与等同侵权是专利侵权的两种不同表现形式，两者应当不构成并列或者竞合关系，即构成相同侵权则不构成等同侵权，反之亦然。

（二）区分相同侵权和等同侵权的意义

侵害专利权纠纷诉讼是一种民事诉讼。一般认为，诉由当事人、诉讼标的以及诉讼请求构成。从构成要件的角度而言，在侵害专利权纠纷诉讼中，被诉侵权行为是否构成专利侵权及如何承担相应的法律责任是诉的诉讼标的和诉讼请求，而被诉侵权行为是构成相同侵权还是等同侵权，则应当属于诉讼请求是否成立的两种理由，其并非诉讼标的本身。只有认识这一点，才能正确理解区分相同侵权和等同侵权的意义。

1. 从当事人的角度

由于相同侵权与等同侵权均属于专利侵权的两种表现形式，而不属于两种独立侵权行为，因此原告就同一专利针对被告之同一被诉侵权行为提起诉讼，其不论是以相同侵权为由提起诉讼，还是以等同侵权为由提起诉讼，均属于同一诉讼而非两个不同的诉讼。在该诉讼中，原告对主张被告构成相同侵权还是等同侵权，可由其自由选择。原告原主张等同侵权的，后又主张相同侵权，均属于诉讼理由的变化，而不构成诉的变更。原告首先主张构成相同侵权，同时主张如果不构成相同侵权，则应构成等同侵权，这也不构成诉的客观预备合并之诉。原告先以相同侵权为由提起诉讼，后又以等同侵权为由提起同一诉讼的，构成重复诉讼。

2. 从法院的角度

既然相同侵权和等同侵权系同一侵权的两种表现形式，而不属于两种不同的侵权行为，故法院应当对被诉侵权行为是否构成相同侵权或等同侵权进行全面审理。

从审理顺序上，原则上应当根据当事人的主张，首先对被诉侵权行为是否构成相同侵权作出判断，在认定不构成相同侵权的情况下，应当根据当事人的主张进一步对是否构成等同侵权作出判断。在原告没有主张等同侵权的情况下，也应当积极向当事人释明。只有在认为被诉侵权行为既不构成相同侵权亦不构成等同侵权的情况下，才能判定被诉侵权行为不构成侵权。当然，经释明后，原告仍坚持择一主张的除外。

二、专利侵权责任的种类和承担

专利侵权是一种特殊的民事侵权，故就侵权责任问题而言，《专利法》与《侵权责任法》是特别法与一般法的关系。根据特别法优先于一般法的法律适用规则，《专利法》对专利侵权有特别规定的，应当优先适用《专利法》的相关规定；在《专利法》没有作出相应规定的情况下，则可适用《侵权责任法》的相关规定。

《侵权责任法》第十五条规定，承担民事侵权责任包括停止侵害、排除妨碍、消除危险、返还财产、恢复原状和赔偿损失等多种形式。专利侵权责任作为一种民事侵权责任，其责任形式主要包括两类——停止侵害和赔偿损失。但需要注意的是，《专利法》仅对赔偿损失责任作出了明确规定[1]，而未对停止侵害责任的承担问题予以明确。因此，法院在判决侵权者承担停止侵害责任时，其直接的法律依据应当是《侵权责任法》第十五条。当然，对于停止侵害责任的适用问题，《最高人民法院关于审理侵犯专利权纠纷案件应用法律

[1] 《专利法》第六十五条规定：“侵犯专利权的赔偿数额按照权利人因被侵权所受到的实际损失确定；实际损失难以确定的，可以按照侵权人因侵权所获得的利益确定。权利人的损失或者侵权人获得的利益难以确定的，参照该专利许可使用费的倍数合理确定。赔偿数额还应当包括权利人为制止侵权行为所支付的合理开支。权利人的损失、侵权人获得的利益和专利许可使用费均难以确定的，人民法院可以根据专利权的类型、侵权行为的性质和情节等因素，确定给予一万元以上一百万元以下的赔偿。”

若干问题的解释（二）》第二十五条[1]和第二十六条[2]也作了进一步的规定，其亦可以作为法院是否判决侵权者承担停止侵害责任的法律依据。

司法实践中，原告在主张被告承担停止侵害责任时，在请求判令被告停止实施制造、许诺销售、销售被诉侵权产品行为的同时，往往还会请求法院判令被告销毁侵权产品库存、销毁制造被诉侵权产品的专用模具等。《侵权责任法》《专利法》等法律对于销毁侵权产品库存和专用制造模具等法律责任的承担问题虽然没有作出明确的规定，但在解释上，应当将这些法律责任归入停止侵害民事责任的范畴，即其是停止侵害的具体表现形式，故其是有法律依据的。该案中，一审法院对原告提出的判令被诉侵权人销毁侵权产品库存等法律责任的相应诉讼请求未予支持，二审法院则依法予以支持。二审法院的改判无疑是正确的。

知识产权损害赔偿金额的确定是世界各国法院所面临的共同难题。虽然《专利法》第六十五条第一款明确规定，侵害专利权的损害赔偿金额可以根据权利人的损失、侵权人的获益确定，还可以参照该专利许可使用费的倍数合理确定。但在司法实践中，当事人常常为了减轻举证负担，而直接主张适用法定赔偿，即根据《专利法》第六十五条第二款的规定，由法官或者合议庭通过法定赔偿的方式酌情确定赔偿金额。即便是在当事人主张按照其他方法确定损害赔偿金额时，由于当事人提供的证据往往难以证明其主张，法院最终通常会依照法定赔偿规则来酌情确定赔偿金额。

---

[1] 该条规定："为生产经营目的使用、许诺销售或者销售不知道是未经专利权人许可而制造并售出的专利侵权产品，且举证证明该产品合法来源的，对于权利人请求停止上述使用、许诺销售、销售行为的主张，人民法院应予支持，但被诉侵权产品的使用者举证证明其已支付该产品的合理对价的除外。本条第一款所称不知道，是指实际不知道且不应当知道。本条第一款所称合法来源，是指通过合法的销售渠道、通常的买卖合同等正常商业方式取得产品。对于合法来源，使用者、许诺销售者或者销售者应当提供符合交易习惯的相关证据。"

[2] 该条规定："被告构成对专利权的侵犯，权利人请求判令其停止侵权行为的，人民法院应予支持，但基于国家利益、公共利益的考量，人民法院可以不判令被告停止被诉行为，而判令其支付相应的合理费用。"

3　知识产权纠纷的可仲裁性

——广州某生物科技股份有限公司与澳大利亚某公司专利授权协议纠纷案

裁判要旨

由于知识产权权利客体相较于民法其他权利客体而言较为特殊，涉及知识产权纠纷双方当事人在多数情况下素未谋面，更不可能在发生纠纷后自行达成仲裁协议，因此此类案件一般多由法院所管辖。但无可否认，知识产权作为私权，应尊重当事人意思自治，知识产权纠纷作为《中华人民共和国仲裁法》（以下简称《仲裁法》）所规定的“平等主体的公民、法人和其他组织之间发生的其他财产权益纠纷”，应肯定其可仲裁性。

入选理由

《专利法》并未对专利争议的可仲裁性问题作出明确的规定。该案基于对立法本意的解读，从民商法法理、情理和涉案专利授权协议纠纷合同的效力出发，尊重当事人意思自治，肯定了专利合同纠纷的可仲裁性，为今后知识产权纠纷仲裁案件的处理提供了可供借鉴的参考。

案例索引

仲裁裁决：HKIAC/A××××

基本案情

申请人：广州某生物科技股份有限公司（以下简称“中国甲公司”）
被申请人：澳大利亚某公司（以下简称“澳大利亚乙公司”）

申请人请求

中国甲公司申请仲裁称：申请人与被申请人在2013年1月10日签订《授权协议》，该协议第2.1条约定，为在中国区域和领域内实现A××××技术商业化，被申请人将A××××技术的专利权和技术秘密单独地、不可转让地、排他性地授权给申请人。

申请人已根据《授权协议》第3.1条及附件2约定，分别于2013年2月4日、2014年8月8日向被申请人支付专利授权费以及专利技术使用费，被申请人已就前述全部款项相应出具税务发票。

然而，申请人于2018年2月初在中国国家知识产权局官网检索发现被申请人的A××××专利申请被中国国家知识产权局于2015年4月24日驳回，中国国家知识产权局认为被申请人请求保护的A××××技术方案与现有技术相比，不具备发明突出的实质性特点和显著的进步，不具备创造性；被申请人向中国国家知识产权局申请复审，但中国国家知识产权局于2017年8月10日作出了维持驳回的决定。就前述有关A××××专利申请以及复审被驳回的情况，被申请人从未告知申请人。

根据《授权协议》第6.5条约定，申请人在2018年2月3日向被申请人发出《关于退还A××××技术专利授权费的商请函》，通知被申请人申请人依约选择终止《授权协议》，请被申请人退还申请人支付的专利授权费。被申请人收函后，于2018年2月15日回复，表示同意终止《授权协议》，但不同意退还专利授权费。申请人不同意被申请人拒绝退费的处理，被申请人该行为严重违反协议约定，且严重损害申请人的合同权益。因此，申请人委托律师于2018年7月26日向被申请人出具《关于立即返还授权费的律师函》，被申请人收到该律师函，但其仍然未退费。

故申请人请求裁决：（1）被申请人立即向申请人返还专利授权费，以及支付逾期还款利息（按中国人民银行同期同类贷款利率，从2017年8月25日起，计算至被申请人实际还清款项之日止）；（2）仲裁员费用及仲裁相关的其他费用由申请人、被申请人平均分摊。

案件事实

中国甲公司（上市公司）与澳大利亚乙公司（上市公司）于2013年1月10日签订《授权协议》，约定：为在中国区域内实现A××××技术商业化，澳大利亚乙公司将A××××技术的专利权和专有技术单独地、不可转让地、排他性地授权给中国甲公司，中国甲公司向澳大利亚乙公司预付10年的授权费150万澳元（当时折合人民币约975万元）及按使用A××××技术产生的相关收益一定比例的使用费；如澳大利亚乙公司专利申请被驳回，中国甲公司有权终止协议。如发生争议，提交香港国际仲裁中心（HKIAC）审理，仲裁语言为：英语。

上述协议签订后，中国甲公司已依约分别于2013年2月4日及2014年8月8日向澳大利亚乙公司支付120万澳元、30万澳元专利授权费（合计150万澳元），以及专利技术使用费。

然而，中国甲公司于2018年2月在中国国家知识产权局官网检索发现澳大利亚乙公司的A××××专利申请被中国国家知识产权局于2015年4月24日驳回，中国国家知识产权局认为澳大利亚乙公司请求保护的A××××技术方案与现有技术相比，不具备发明突出的实质性特点和显著的进步，不具备创造性；澳大利亚乙公司向中国国家知识产权局申请复审，但中国国家知识产权局于2017年8月10日作出了维持驳回的决定。就前述有关A××××

专利申请以及复审被驳回的情况，澳大利亚乙公司从未告知中国甲公司。

根据《授权协议》第6.5条约定，中国甲公司在2018年2月3日向澳大利亚乙公司发函通知：中国甲公司依约选择终止《授权协议》，请澳大利亚乙公司退还中国甲公司支付的专利授权费，但澳大利亚乙公司拒绝退费。

随后中国甲公司向HKIAC提起仲裁，要求澳大利亚乙公司退还授权费及利息。澳大利亚乙公司反申请要求中国甲公司支付使用专利的费用及利息（中国甲公司就澳大利亚乙公司的反申请进行答辩后，澳大利亚乙公司撤回反申请）。

仲裁裁决

仲裁庭认为，该案的争议焦点包括：（1）根据《授权协议》，被许可的专利权的专有技术的确切内容；（2）根据《授权协议》，授予专利权和专有技术的对价是什么；（3）中国国家知识产权局于2015年4月作出驳回被申请人的中国专利申请的决定、于2017年8月作出维持驳回决定的决定、被申请人在2017年11月向中国国家知识产权局提出分案专利申请对于本《授权协议》的影响；（4）在申请人通知被申请人终止协议时，是否存在有效且存续的《授权协议》；（5）根据《授权协议》及相关法律，申请人是否合法终止了协议；（6）即使申请人合法终止《授权协议》，被申请人是否有责任根据《授权协议》将授权费全部或部分退还申请人，如有，是否应退还相应利息。

（一）根据《授权协议》，被许可的专利权的专有技术的确切内容

在处理该案时首要解决的问题是根据《授权协议》，确定被许可的专利权的专有技术的确切内容。仲裁庭认为，首先处理这一问题是重要的，因为它是双方当事人之间争端的根源，并且关乎其他争议焦点的确定。为了确定被许可的专利权的专有技术的确切内容，有必要考察《授权协议》本身以及当事人的确切意思表示。为此，仲裁庭指出，《授权协议》内容表明这是被申请人与中国甲公司的协议，因此作为该案当事人的中国甲公司是该案的申请人并无争议。

《授权协议》在其叙述部分显示被申请人是一家专门从事A××××技术

的公司，同时也致力于发展××××治疗技术；申请人是一家专门从事产品开发、制作和销售的医药公司，为此申请人希望获得被申请人所拥有的某些知识产权的独占许可，而被申请人则准备按照《授权协议》所约定的条款和方式将权利许可给申请人。

根据《授权协议》第2.1条，且自《授权协议》生效之日起，被申请人同意将A××××技术的专利权和专有技术单独地、不可转让地、排他性地授权给申请人。“专利权”在《授权协议》中定义如下：

“专利权系指附录1第A部分所述的待决申请或授权专利，包括领域内的以下内容：

（a）任何专利申请，包括任何发明、实用新型或外观设计专利或任何临时申请，或其中的延展（但不包括部分的延展），或专利申请的部分；

（b）任何此类专利申请所授予的任何专利；

（c）上述事项的重新签发、重新审查、替代方案、增加、延长或确认；

（d）上述任何专利或专利申请的优先权。”

关于“专利权”定义中的“附录1第A部分中所述的待决申请或授权专利”，其中“专利权”是由国家、专利申请号以及专利标题或描述组成的，具体而言指的是一个××××技术方法的专利申请号以及另一个××××技术方法的中国专利申请号。而关于“专利权”定义中的“领域”一词，《授权协议》将“领域”定义为中国（含澳台地区），香港特别行政区未包括在内。

虽然专利权的定义包括专利申请和专利申请的划分，但仲裁庭认为，构成专利权的客体的核心是在领域上授予的任何专利。《授权协议》附录1第A部分所述的××××专利申请号是《专利合作条约》（PCT）规定的在每个条约缔约国（中国在其中）提交专利申请的统一程序。专利申请的提交会引起国际检索机构附有关于可专利性的书面意见，随后可能由国际初步审查机构进行初步审查。尽管PCT申请为所有缔约国建立了一个共同的申请日期，但它本身并不会引发专利的授予。当PCT申请进入国家或地区阶段时，授予专利是每个国家或地区当局的特权。因此，考虑《授权协议》附录1第A部分中的另一个提法是恰当的，它是本最终裁决中简称为“被申请人的2010年中国专利申请”的中国专利申请号。因此，专利权客体的核心是双方预期将因被申请人的2010年中国专利申请而被授予的专利。专利权客体的核心是被申请人的2010年中国专利申请所产生的预期专利，这一点得到《授权协议》宗旨的支持。《授权协议》规定，被申请人授予许可的唯一目的是在领域内“将技术商业化”。

专利权客体的核心是澳大利亚乙公司的2010年中国专利申请所产生的预期专利，这一点得到了《授权协议》宗旨的支持。《授权协议》规定，澳大利亚乙公司授予许可的目的是在领域内的所有人类应用程序中将该技术“商业化”。适用《授权协议》中所列的“商业化”和“技术”的定义，授予许可的目的是：制造、使用、许诺销售和进出口属于专利权和专有技术范围内或根据专利权和专有技术创造、供应或使用的任何产品；营销、提供或提供涉及使用此类产品或侵犯专利权的方法的服务；以及在世界任何司法管辖区内行使授予所有现有和未来任何种类知识产权持有人的权利，但不包括授予再许可的权利。因此，《授权协议》的目的是允许中国甲公司不仅销售属于专利权和专有技术、根据专利权和专有技术创造或使用的任何产品，而且这样做也不会侵犯澳大利亚乙公司预期在领域上授予的专利；实际上，还可以对抗可能侵犯专利的第三方行使授予澳大利亚乙公司的专利权。

在这方面，仲裁庭不接受澳大利亚乙公司的论点，因为它试图抗辩该公司所提供的代价并没有因为其中国分部专利申请而有重大改变。从逻辑上讲，这意味着只要澳大利亚乙公司在中国甲公司预付许可费的10年内保持某种形式的专利申请，它就可以说它已经根据《授权协议》交付了对价，即使没有授予专利，也没有交付专利的许可。在仲裁庭看来，这不是《授权协议》的商业目标，也不是各方可能的意图。仲裁庭认为，双方当事人预期专利将在10年合约期的早期阶段批予，或者说澳大利亚乙公司在2010年申请中国专利的结果会在10年合约期的早期阶段公布。这将导致双方在已授予专利的基础上继续在《授权协议》下的关系，在未获授予专利的情况下继续在《授权协议》下的双方关系，或根据第6.5条部分或全部终止《授权协议》。

该专有技术的客体可合理地视为澳大利亚乙公司保密或专有性质的任何

形式的信息和材料，以及任何司法管辖区内与《授权协议》附录1第B部分所述事项有关的所有现有和未来的任何种类的知识产权，包括专利。《授权协议》附录1第B部分说明了以下事项：人类血液和组织制造产品的质量体系和手册所体现的知识产权，制造该等产品的标准操作程序，有关该制造、营销和销售材料的验证和质量控制评估报告，支持在该领域使用该技术的科学信息以及与该等产品的制造有关的其他机密信息。专有技术的标的包括与此类产品的制造有关的专利，从这个意义上说，专利权和专有技术的许可证之间存在重叠。

（二）根据《授权协议》，授予专利权和专有技术的对价是什么？

《授权协议》记录，考虑到澳大利亚乙公司授予的专利权和专有技术许可，中国甲公司同意在《授权协议》期限的前10年内每年向澳大利亚乙公司支付固定许可费，该固定许可费在《授权协议》经中华人民共和国商务部登记和批准后10天内提前支付，以及在产品首次临床使用后的20个工作日内支付的、根据《授权协议》定义和计算的产品净销售额的特许权使用费。净销售额的百分比在《授权协议》中有明确的限定，由澳大利亚乙公司的2010年中国专利申请被有关当局拒绝或被具有司法管辖权的法院或有关当局认定无效且中国甲公司通知澳大利亚乙公司终止其专利权许可，同时保留其使用专有技术的许可的百分比所取代。

因此，在合同期限的前10年，享有专利权和专有技术的客体包括专利权客体的核心，即双方预期将根据澳大利亚乙公司的2010年中国专利申请授予的专利。

仲裁庭接受了澳大利亚乙公司的其中一个抗辩，即技术方案具有独立价值（从下面关于下令退款的程度的推理中可以看出）。然而，仲裁庭不接受澳大利亚乙公司的另一个抗辩，即由于许可费是授予专利权和专有技术许可的代价，要求澳大利亚乙公司现在将这一代价退还给中国甲公司是不商业和不合理的。澳大利亚乙公司辩称，其在任何时候都已经准备好、愿意并能够履行其承诺。双方同意专利权和专有技术应支付许可费，专利权包括一项专利，各方预期该专利将作为澳大利亚乙公司的2010年中国专利申请的结果而颁发。因此，仲裁庭驳回了澳大利亚乙公司的论点，即许可费与专利权的授予无关，因为中国甲公司知道或理应知道《授权协议》并不保证专利会获授予或不会侵犯第三者权利。审裁处承认，中国甲公司知道或理应知道《授权协议》并不保证会授予专利或不会侵犯第三方权利。然而，如果认为澳大利亚乙公司不需要为中国甲公司的预付款负责，那就意味着获得一项专利以及它将提供给中国甲公司的所有随之而来的权利根本没有任何经济价值。这与澳大利亚乙公司自己的观点是不一致的，即专有技术以及必要的延伸专利权都是独立有价值的。

仲裁庭亦驳回澳大利亚乙公司的论点，该公司认为《授权协议》第6.7条的效力是，中国甲公司的缴费义务及澳大利亚乙公司收取牌照费的权利（即终止前产生的权利）在《授权协议》终止时完全不受影响。这一论点将要求和收受付款的权利与协议终止后扣留付款的权利混为一谈。仲裁庭承认，澳大利亚乙公司有权要求并在《授权协议》规定的各个阶段要求和收取许可费，而且这种权利发生在终止之前。这项权利在《授权协议》终止后并不当然消失，中国甲公司在终止后有权争辩说，澳大利亚乙公司无权要求或收取许可费。不过，这项权利只限于在有关时间索取和收取款项。这并不仅仅是因为一方当事人有权在某一时间要求和收取款项，该当事人在合同终止后有权不对此负责，特别是在当事人同意为预付款的情况下。

在驳回澳大利亚乙公司的论点时，仲裁庭已考虑到各方已同意其法律地位受中国法律管辖。因此，一方当事人的地位是商业的还是非商业的，合理的还是不合理的，都必须根据当事人选择用来规范其关系的法律来评估。

（三）中国国家知识产权局于2015年4月作出驳回被申请人的中国专利申请的决定、于2017年8月作出维持驳回决定的决定、被申请人在2017年11月向中国国家知识产权局提出分案专利申请对于本《授权协议》的影响

中国国家知识产权局于2015年4月作出驳回澳大利亚乙公司2010年中国专利申请的决定，并于2017年8月作出维持驳回决定的决定，这对专利权和专有技术以及《授权协议》的影响，导致了《授权协议》第6.5条中各方预期的情况。第6.5条规定，如果澳大利亚乙公司的2010年中国专利申请被有

关当局驳回，中国甲公司可向澳大利亚乙公司发出在10个工作日内完全终止协议或终止其专利权许可，保留其使用该专有技术的许可。因此，中国甲公司可能会完全或部分终止《授权协议》。

《授权协议》确实在第6.6条中规定了终止的后果，但这些后果必须根据上下文进行解释。例如，《授权协议》第6.6（A）条、第6.6（B）条和第6.6（C）条规定，终止的后果是终止《授权协议》第2.1条下的许可，中国甲公司有义务停止专利权和专有技术的所有使用和技术的所有商业化，以及每一方都有义务向另一方归还其控制下包含或提及另一方机密信息的所有文件和其他材料。从逻辑上讲，这种后果只适用于《授权协议》全部终止的情况。它不适用于中国甲公司选择终止其专利权许可，保留其使用该专有技术的许可，并为这种使用的净销售额支付特许权使用费这种部分终止《授权协议》的情况。即使有人争辩说，“本协议因任何原因终止……”一词仅指整个《授权协议》的终止，但《授权协议》第6.3条所述终止的后果并不涉及终止的所有后果。根据合约，虽然双方特别提及并订明如违反《授权协议》而终止合约，但双方显然无意免除对方的违约责任。如果它们有意这样做，澳大利亚乙公司便无须在《授权协议》第10.1（C）条和第10.6条下加入限制或限制其法律责任的条文。事实上，澳大利亚乙公司需要限定或限制其责任，是因为双方同意中国法律管辖该合同，并因此将中国法律纳入《授权协议》和/或相应地适用《中华人民共和国合同法》（以下简称《合同法》）下的违约责任条款。因此，《授权协议》第6.6条并不代表对不同类型的终止或不同终止理由引起的终止的所有后果的完整或详尽陈述。

澳大利亚乙公司于2017年11月24日向中国国家知识产权局提交的澳大利亚乙公司中国分部专利申请的效力是，向中国国家知识产权局提交专利部分申请，申请授予与澳大利亚乙公司2010年中国专利申请中的发明内容相比较小的发明内容的专利。澳大利亚乙公司的中国分部专利申请属于根据《授权协议》授予中国甲公司的专利权的内容，但这不影响中国甲公司部分或全部终止《授权协议》的权利，仲裁庭将在下文作出解释。

（四）在申请人通知被申请人终止协议时，是否存在有效且存续的《授权协议》?

中国甲公司的主要论点之一是，根据《合同法》第三百四十四条的规定，中国国家知识产权局驳回澳大利亚乙公司 2010 年的中国专利申请，使得《授权协议》无效，因此澳大利亚乙公司没有获得有效专利权。因此，澳大利亚乙公司有义务向中国甲公司退还许可费。仲裁庭不接受这一论点。未能获得专利权并没有使《授权协议》当然无效，而是根据中国法律产生了法律后果。

《合同法》第三百四十四条规定："专利实施许可合同只在该专利权的存续期间内有效。专利权有效期限届满或者专利权被宣布无效的，专利权人不得就该专利与他人订立专利实施许可合同。"第三百四十四条提到专利许可合同的"有效性"，必须是指专利许可合同在法律上的效力，即专利许可合同在法律上得到承认的能力。这与《合同法》第三章合同效力和第四十四条关于合同效力的规定是一致的。当第三百四十四条提到一项专利"无效"时，它没有或不再有能力在法律上得到承认。

中国国家知识产权局驳回澳大利亚乙公司 2010 年中国专利申请的事件不属于第三百四十四条的规定，当时还没有授予任何专利，在这些诉讼中也不存在专利的有效性或无效性问题。因此，《合同法》第五十八条也不适用，该条款也不适用于中国甲公司在辩论中所依据的《合同法》第五十八条。

尽管澳大利亚乙公司的 2010 年中国专利申请被国家知识产权局否决，但双方的意图肯定是《授权协议》仍然有效。否则，它们不会根据第 6.5 条规定中国甲公司有权全部或部分终止《授权协议》。如果双方有意在澳大利亚乙公司的专利申请被拒绝时，《授权协议》立即失效，那么它们没有理由向中国甲公司提供这两个选项。

（五）根据《授权协议》及相关法律，申请人是否合法终止了协议?

2018 年 2 月 3 日，中国甲公司致函澳大利亚乙公司终止《授权协议》，理由是澳大利亚乙公司的 2010 年中国专利申请被中国国家知识产权局驳回。根据《授权协议》第 6.5 条，这是一项有效的行为，中国甲公司有权选择终止《授权协议》。中国甲公司的行为也完全符合《合同法》第九十三条和第九十四条的规定，第九十四条规定，当事人经同意可以解除合同，并规定了在一定情况下一方有权解除合同的条件。

仲裁庭不接受澳大利亚乙公司的论点：在该公司已提交中国分部专利申请的情况下，中国甲公司无权终止《授权协议》。仲裁庭认为，《授权协议》第6.5条订明中国甲公司获准终止《授权协议》的两种情况。第一种情况是澳大利亚乙公司的2010年中国专利申请被有关部门驳回。第二种情况是澳大利亚乙公司的2010年中国专利申请被有管辖权的法院或有关当局认定无效。仲裁庭认为，《授权协议》第6.5条在初期给予中国甲公司一系列选择，即有关当局首先拒绝澳大利亚乙公司的2010年中国专利申请。可供选择的范围是全部终止《授权协议》、部分终止《授权协议》或在专利申请被拒绝的情况下继续执行《授权协议》。

仲裁庭裁定，虽然《授权协议》的条款并不禁止澳大利亚乙公司在中国提交部分专利申请，并将其添加到中国甲公司获得许可的专利权篮子中，但澳大利亚乙公司的部分专利申请并不妨碍中国甲公司根据第6.5条终止《授权协议》的权利。

（六）即使申请人合法终止《授权协议》，被申请人是否有责任根据《授权协议》将授权费全部或部分退还申请人，如有，是否应退还相应利息？

这些仲裁程序中的关键问题是，在澳大利亚乙公司的2010年中国专利申请被驳回后，终止《授权协议》所产生的后果。在这方面，已经指出，《授权协议》第6.6条并不是对《授权协议》下可能产生的所有终止后果的全面或详尽陈述，第6.6条必须在双方签订的交易和合同的背景下解释。

对于中国甲公司在澳大利亚乙公司2010年中国专利申请被驳回后决定终止《授权协议》是否会产生任何权利和责任的问题，《授权协议》没有说明。因此，这个问题将由中国法律决定，作为《授权协议》的管辖法律。

中国法律规定，在民事活动中，当事人地位平等，民事活动必须遵循自愿、平等、诚实信用原则；中国法律还规定，当事人享有平等的法律地位，当事人约定各自的权利义务应当遵循公平原则，行使权利和履行义务应当遵循诚实信用原则。这是在中国订立合同的根本基础。

诚实信用原则是中国法律的一项一般性原则，但也是一项重要原则。当事人行使合同权利或者履行合同义务应当诚实信用。当事人对合同解释有争议的，根据合同约定和合同目的，按照有关惯例和诚实信用原则确定合同的真实意思。

仲裁庭认为《合同法》中的下列规定是有关合同权利和义务终止的：第六章合同的权利义务终止，第九十一条合同消灭的原因：有下列情形之一的，合同的权利义务终止：（1）债务已经按照约定履行；（2）合同解除……第九十二条合同终止后的义务：合同的权利义务终止后，当事人应当遵循诚实信用原则，根据交易习惯履行通知、协助、保密等义务。第九十三条合同约定解除：当事人协商一致，可以解除合同。当事人可以约定一方解除合同的条件。解除合同的条件成就时，解除权人可以解除合同。第九十六条解除权的行使：当事人一方依照该法第九十三条第二款、第九十四条的规定主张解除合同的，应当通知对方。合同自通知到达对方时解除。对方有异议的，可以请求人民法院或者仲裁机构确认解除合同的效力。法律、行政法规规定解除合同应当办理批准、登记等手续的，依照其规定。第九十七条解除的效力：合同解除后，尚未履行的，终止履行；已经履行的，根据履行情况和合同性质，当事人可以要求恢复原状、采取其他补救措施，并有权要求赔偿损失。

中国甲公司以中国合同法的这一部分为依据，认为即使《授权协议》有效，其也有足够的事实和法律依据要求澳大利亚乙公司退还许可费。中国甲公司认为，根据《授权协议》第 6.5 条和《合同法》第九十三条、第九十六条，它有权终止《授权协议》。中国甲公司在表明其有权在《授权协议》终止后恢复到订立《授权协议》之前的地位时，提到了《合同法》第九十七条。尽管中国甲公司提出的部分论据是，终止的发生“是因为澳大利亚乙公司”，但这不是第九十七条生效的必要要求。第九十七条的作用是，如果考虑履行程度和合同性质认为恢复是适当的，则一方当事人将恢复其以前的地位。仲裁庭认定，在中国甲公司根据第 6.5 条行使其全部终止《授权协议》的权利后，根据《合同法》第九十一条和第九十三条，双方当事人在《授权协议》下的权利和义务已被解除。于是，双方当事人在终止后的义务就产生了。

根据《合同法》第九十二条和第九十七条的规定，这些义务遵守诚实信用原则，并根据对方当事人的要求予以补救。

法庭认定，中国甲公司在2018年2月3日提出退款要求，并在其律师于2018年7月26日提出正式要求时，确实要求澳大利亚乙公司采取补救措施，并且澳大利亚乙公司有义务遵守诚实信用原则并采取补救措施。此时需要补救的是中国甲公司为专利权预付了一笔款项，其核心是一项从未通过申请的专利。

综上，仲裁庭根据《合同法》认定申请人中国甲公司有权终止协议；由于被申请人澳大利亚乙公司已经实际授权相关专利给中国甲公司使用，被申请人应向申请人部分退还授权费用，具体为退还协议终止后的期间对应的预付授权费的一半，并应当支付利息，仲裁支出的费用由双方平均分摊。

案例解析

该案系专利授权合同纠纷仲裁案件，该案的争议焦点主要集中在：仲裁机构是否对此案具有管辖权。对于上述焦点问题，合议庭已经在该案判决理由中作了较为详尽而充分的论述，现结合该案，对其中反映的理论和实践问题，再作简要的分析。

由于知识产权权利客体相较于民法其他权利客体如物、行为而言较为特殊，其特殊的性质使得知识产权纠纷发生的时间和空间性也不如其他民事法律纠纷来得明确。在多数情况下，涉及知识产权纠纷的双方当事人可能素未谋面、相隔万里，更无法苛求双方达成合法有效的仲裁协议。根据广州仲裁委员会发布的消息，由澳门仲裁协会主办，粤港澳大湾区仲裁联盟第二次工作会议暨联盟“十大经典案（事）例”发布会中提到，2019年以来，专利、著作权、知识产权、特许经营类型案件有129件，虽说同比增长1.5倍，但数量仍然不多。[1] 此外，据不完全统计，深圳国际仲裁院2019年知识产权仲

---

[1] 广州仲裁委员会2020年11月9日粤港澳大湾区仲裁联盟第二次工作会议暨联盟“十大经典案（事）例”发布会在澳门顺利召开。

裁案件仅有数百件，相对于深圳国际仲裁院受理的案件总数以及香港国际仲裁中心受理的知识产权案件数而言，显得微不足道，致使仲裁解决知识产权纠纷的作用无法得以发挥。导致知识产权仲裁案件数量少的因素有：第一，知识产权纠纷大多是侵权纠纷，少量属合同纠纷，而侵权纠纷在纠纷发生前后达成仲裁协议的可能性微乎其微。第二，知识产权是科技公司或企业的核心命脉，因此，很多科技公司或者企业对知识产权仲裁比较慎重，不愿尝试以仲裁方式解决知识产权纠纷，更愿意选择传统的诉讼方式。第三，知识产权仲裁处于初步发展阶段，许多当事人对以仲裁方式解决知识产权纠纷存疑，不太清楚仲裁方式所拥有的保密性、专业性等优势。第四，仲裁费用是影响当事人选择知识产权纠纷解决方式的重要因素之一，而仲裁费用在一定程度上比诉讼费要高，特别是对标的较小的案子或者小企业影响较大。因此在实践中，涉及知识产权纠纷案件的绝大部分都由人民法院进行管辖。但不可否认，知识产权归根结底属于私权，应尊重当事人意思自治。知识产权纠纷属于民商事法律纠纷，并且知识产权纠纷也符合《仲裁法》所规定的“平等主体的公民、法人和其他组织之间发生的其他财产权益纠纷”。作为民法学科的一员，在发生知识产权纠纷后若当事人之间存在合法有效的仲裁协议，应当肯定当事人合意所指定的仲裁机构的管辖权，允许当事人通过仲裁解决纠纷。

知识产权纠纷可以分为知识产权有效性纠纷、知识产权合同纠纷、知识产权侵权纠纷。该案中，双方当事人通过《授权协议》（即合同）约定专利权和专有技术的授权事宜，并加入由香港国际仲裁中心仲裁的仲裁条款，显然属于知识产权合同纠纷。从该案仲裁机构受理案件并作出裁决可见，因其本质上属于合同纠纷，且知识产权客体本质上也属于民法的客体之一，肯定知识产权合同纠纷的可仲裁性并没有太大的争议，该类知识产权纠纷的仲裁也是最为常见的。

但对于知识产权侵权纠纷和知识产权有效性纠纷的可仲裁性，则有不同观点。通过比照具体知识产权我们可以发现，根据《著作权法》第五十五条规定：“著作权纠纷可以调解，也可以根据当事人达成的书面仲裁协议或者著作权合同中的仲裁条款，向仲裁机构申请仲裁。当事人没有书面仲裁协议，也没有在著作权合同中订立仲裁条款的，可以直接向人民法院起诉。”显然，著作权纠纷可以通过仲裁方式解决。但《商标法》和《专利法》并未对商标和专利纠纷的可仲裁性问题作出明确规定，但随着“江苏省物资集团轻工纺织总公司案”中最高人民法院管辖权裁定的作出，扫清了知识产权侵权纠纷可仲裁性的障碍。但是在知识产权侵权纠纷中，往往涉及知识产权有效性的确定问题；而知识产权有效性的确定，除著作权外，由法律规定的有权机关所认定，当事人不服的，可以向人民法院起诉。换言之，即便人民法院也并没有一审审查专利权和商标权效力的权力，而作为非公力救济的仲裁机构，法律更加没有赋予其审查专利权和商标权有效性的权力。因此有观点认为，若肯定知识产权有效性纠纷的可仲裁性，会对国家公权力造成冲击，也不利于保障知识产权的公共利益。

本书认为，知识产权有效性纠纷的可仲裁性无论从知识产权的本质还是实现知识产权法律制度价值的层面上均难以否认。在讨论各类具体知识产权立法目的中的公共价值时，我们绝不能忘记知识产权的本质是一种私权。国家通过法律赋予权利人以一定的权利进而达到促进知识不断发展的公共价值，知识产权权利人则应享有选择权利救济方式的权利，而私权利的救济除了公力救济还应包括像法院裁判的方式如仲裁等的非公力救济。此外，由于知识产权具有强烈的世界性，但其在诞生以来又与公共利益密不可分，各国对知识产权的态度各不相同，导致法院在裁判时带有浓厚的国别色彩，影响司法公正；而与法院相比，在国际商事仲裁中，有一套独立的仲裁规则和制度，能在很大程度上保证仲裁庭的中立立场，避免法院地保护主义的影响。[1]在我国，从2001年修订的《著作权法》将提交仲裁解决的“著作权合同纠纷”修改为“著作权纠纷”可以看出，我国对于知识产权纠纷可仲裁性的态度也越来越放开，这也为肯定知识产权有效性纠纷的可仲裁性提供了现实的支撑。

---

[1] 刘冰心. 论知识产权有效性的可仲裁性［J］. 重庆科技学院学报（社会科学版），2014（10）：32-34，38.

2

第二部分　涉外商标权纠纷

4　知识产权诉讼合并管辖的确定规则

——杜某国、深圳市微运动信息科技有限公司与索尼移动通信产品（中国）有限公司等侵害商标权纠纷管辖权异议案

裁判要旨

原告提交的现有证据所证明的事实，仅仅显示数个被告实施了涉嫌侵犯商标专用权的行为，不能证明部分被告涉嫌侵权产品来源于其他被告，亦不能证明各涉嫌侵权行为人存在意思联络或者被控侵权行为具有关联性。换言之，数个被告涉嫌侵权行为衍生之诉的诉讼标的是同一种类的，但不是同一的。因此，原告基于数个被告涉嫌侵权行为提起的该案诉讼，是普通共同诉讼，不是必要共同诉讼。

根据《民事诉讼法》第五十二条第一款规定，普通共同诉讼的合并审理应以当事人的同意为前提。在部分被告不同意合并审理的情况下，原告基于数个被告涉嫌侵权行为提起的诉讼，人民法院不能进行合并审理，应当分案审理。

根据《民事诉讼法》第二十八条规定，受诉法院对部分被告的被诉侵权行为享有管辖权；其他被告所在地法院分别对相应被告的被诉侵权行为享有管辖权，具体管辖法院需待分案及原告明确诉讼请求后再行确定、处理。

入选理由

基于知识产权的无形性和侵权行为的多样性等特点，知识产权侵权诉讼中往往存在多个被告，故知识产权诉讼多为共同诉讼。在各被告的住所地不在同一受诉法院所在地，被诉侵权行为亦不在同一受诉法院所在地的情况下，原告能否在其中一个被告的住所地或者其中一个侵权行为地法院提起共同诉讼，往往会成为当事人争议的焦点，也成为法院审理的难点。该案中，法院从共同诉讼构成要件的角度出发，对这类诉讼是否应当适用合并管辖原则进行了积极探索，非常具有典型意义。

案例索引

一审案号：广东省深圳市中级人民法院（2017）粤03民初2493号

二审案号：广东省高级人民法院（2019）粤民辖终272号

基本案情

上诉人（一审被告）：索尼移动通信产品（中国）有限公司

上诉人（一审被告）：索尼（中国）有限公司

被上诉人（一审原告）：杜某国

被上诉人（一审原告）：深圳市微运动信息科技有限公司

一审被告：索尼移动通信有限公司

一审被告：深圳市腾飞纯科商务有限公司

案件事实

杜某国、深圳市微运动信息科技有限公司以索尼移动通信产品（中国）有限公司、索尼（中国）有限公司、索尼移动通信有限公司、深圳市腾飞纯科商务有限公司侵害其注册商标权为由，向深圳市中级人民法院提出诉讼。在答辩期内，索尼移动通信产品（中国）有限公司、索尼（中国）有限公司提出管辖权异议申请。深圳市中级人民法院作出（2017）粤03民初2493号民事裁定，驳回了管辖权异议申请。索尼移动通信产品（中国）有限公司、索尼（中国）有限公司不服，向广东省高级人民法院提起上诉称，原审法院事实认定、法律适用错误，应撤销原审裁定，对各被告不具有关联性的被诉侵权行为进行分案，分别确定管辖法院。主要理由是：（1）虽然两被上诉人请求判令四被告共同停止对涉案商标的宣传行为、共同赔偿两被上诉人的合理维权费及诉讼费，但其在起诉状中列明的各被告的侵权行为明显不同，其也未对各被告的被控侵权行为具有关联性或存在意思联络作出任何说明。原审法院基于两被上诉人提出的相应主张，以及各被告的被诉侵权行为在时间上存在重叠，不能排除被诉侵权行为存在关联性的可能，认定该案构成共同诉讼且可在一个案件中审理属于事实认定错误、适用法律错误。退一步来说，即便该案构成共同诉讼，由于各被告对诉讼标的没有共同的权利义务，显然也并非必要共同诉讼。如果该案仅为普通共同诉讼，在上诉人明确反对的情况下，该案也不应在同一个案件中进行审理。（2）两上诉人住所地并不在深圳，被诉侵权行为也并未发生在深圳，原审法院对两上诉人所涉案件建立管辖的唯一连接点在于其与深圳市腾飞纯科商务有限公司被诉在同一案件中。如果深圳市腾飞纯科商务有限公司并非该案适格的共同被告，则原审法院对两上诉人所涉侵权行为实际上并无管辖权。因此，该案是否构成共同诉讼，各被告是否是该案适格共同被告是确定原审法院对相关被告所涉侵权行为是否有管辖权的前提条件，理应在管辖权异议阶段予以审理。（3）两上诉人彼此之间在各自的微信公众账号、微博及官网上使用被诉侵权标识以及实施所谓的许诺销售、销售等被诉侵权行为，表现完全不同，也不存在任何关联性。两上诉人与被告深圳市腾飞纯科商务有限公司在各自实施的被诉侵权行为中，既不存在任何意思联络，也不存在分工协作。因此，两上诉人均认为其各自实施的被诉侵权行为以及被告深圳市腾飞纯科商务有限公司实施的被诉侵权行为，不应在一个案件中进行审理。

二审裁定

广东省高级人民法院经审查认为，该案系侵害商标权纠纷管辖权异议案件。争议焦点是，该案是否应予合并审理以及原审法院对该案纠纷是否具有管辖权。

根据《民事诉讼法》第五十二条规定，共同诉讼分为必要共同诉讼和普通共同诉讼两种。必要共同诉讼的诉讼标的是同一的，是不可分之诉。例如对共同共有财产的诉讼、共同侵权致人损害产生的诉讼、共同继承的诉讼、连带债权或连带债务产生的诉讼等。而普通共同诉讼的诉讼标的是同一种类的，为可分之诉。该案中，杜某国、深圳市微运动信息科技有限公司提交的现有证据即相关公证书所证明的事实，仅仅显示两上诉人、索尼移动通信有限公司、深圳市腾飞纯科商务有限公司实施了涉嫌侵犯商标专用权的行为，不能证明深圳市腾飞纯科商务有限公司涉嫌侵权产品来源于两上诉人，亦不能证明各涉嫌侵权行为人存在意思联络或者被控侵权行为具有关联性。换言之，两上诉人、索尼移动通信有限公司、深圳市腾飞纯科商务有限公司涉嫌侵权行为衍生之诉的诉讼标的是同一种类的，不是同一的。因此，杜某国、深圳市微运动信息科技有限公司基于两上诉人、索尼移动通信有限公司、深圳市腾飞纯科商务有限公司涉嫌侵权行为提起诉讼，是普通共同诉讼，不是必要共同诉讼。

根据《民事诉讼法》第五十二条第一款规定，普通共同诉讼的合并审理应以当事人的同意为前提。杜某国、深圳市微运动信息科技有限公司于2017年11月向深圳市中级人民法院提起该案诉讼后，索尼（中国）有限公司、索尼移动通信产品（中国）有限公司分别于2018年8月、2019年1月向深圳市中级人民法院提交异议申请，不同意合并审理。在此情况下，杜某国、深圳市微运动信息科技有限公司基于两上诉人、索尼移动通信有限公司、深圳市腾飞纯科商务有限公司涉嫌侵权行为提起的诉讼，人民法院不能进行合并审理，应当分案审理。

根据《民事诉讼法》第二十八条规定，深圳地区法院对索尼移动通信有限公司、深圳市腾飞纯科商务有限公司的被诉侵权行为享有管辖权；索尼（中国）有限公司、索尼移动通信产品（中国）有限公司所在地法院分别对两公司的被诉侵权行为享有管辖权，具体管辖法院需待分案及杜某国、深圳市微运动信息科技有限公司明确诉讼请求后再行确定、处理。

二审法院依照《民事诉讼法》第一百七十条第一款第（二）项、第一百七十一条规定，裁定如下：（1）撤销深圳市中级人民法院（2017）粤03民初2493号民事裁定；（2）分案后重新确定管辖。

案例解析

该案是一个商标权侵权诉讼案件，被告就管辖权问题提出异议。该案争议的焦点就在于，在四被告的住所地不全部在受诉法院所在地（深圳市），被诉侵权行为地也不均在受诉法院所在地（深圳市）的情况下，受诉法院是否对该案享有管辖权的问题。这一问题的解决，涉及原告以四被告作为共同被告提起诉讼，该诉讼是否属构成共同诉讼的问题。如果属于共同诉讼，则其属于何种共同诉讼——必要共同诉讼还是普通共同诉讼？该案所争议的问题在知识产权诉讼中具有一定的代表性。该案二审法院对该类问题的处理进行了积极的探索，非常具有典型意义。

一、问题的提出：共同诉讼与合并管辖

司法实践中，原告在一个法院对多个被告提起共同诉讼，由于有的被告的住所地并不在受诉法院所在地，故其常常以其并不应当作为共同被告被诉以及受诉法院没有管辖权为由，提出管辖权异议。这种情形在各类民事诉讼中都可能出现，但在知识产权民事诉讼中尤为常见，主要有两方面原因。其一，客观上，这是由知识产权的无形性和侵权表现形式的多样性决定的。侵权行为的表现多样，因此可能牵涉的民事责任主体较多。以专利侵权纠纷为例，由于制造、销售、许诺销售等行为均可能构成侵权，因此，权利人很可能同时针对制造者、销售者、许诺销售者等不同的主体提起共同诉讼，而这

些不同被告的住所地很可能并不在一处。其二，主观上，这是基于自身利益的考虑。为了在其认为有利的受诉法院提起诉讼，原告可能有意地拉了一个该受诉法院所在地的被告，从而创造了一个管辖连接点。

上述问题的解决，需要从两个角度进行分析：一是数个被告是否为适格的共同被告，即原告提起的诉是否为共同诉讼，这涉及共同诉讼构成要件的理解问题；二是如果该诉讼构成共同诉讼，则在数个被告的住所地不均在受诉法院所在地，数个被告的被诉侵权行为地也不都在受诉法院所在地的情况下，受诉法院是否对该共同诉讼享有管辖权，这涉及合并管辖或者牵连管辖的理解问题。应当说，上述两个问题并不同一，但两者之间的确会存在密切的联系。

所谓共同诉讼，是指当事人一方或双方为两人（含两人）以上的诉讼。在民事诉讼理论中，原告为两人以上的共同诉讼，称为积极的共同诉讼；被告为两人以上的共同诉讼，称为消极的共同诉讼；原告和被告均为两人以上的共同诉讼，称为混合的共同诉讼。根据《民事诉讼法》第五十二条的规定，共同诉讼有必要共同诉讼和普通共同诉讼两种类型，其中争议的诉讼标的是同一的共同诉讼，是必要共同诉讼；争议的诉讼标的是同种类的共同诉讼，是普通共同诉讼。

关于何谓合并管辖，我国学界有两种观点。通说认为，合并管辖与选择管辖是同一问题，前者是指根据法律规定，两个以上法院对同一案件都有管辖权；后者则是指两个以上法院对同一案件都有管辖权时，当事人有权选择其中一个提起诉讼。[1] 少数观点则认为，所谓合并管辖，又称“牵连管辖”，是指法院对某一案件行使管辖权时，合并管辖与该案存在某种牵连关系的诉讼请求。[2] 应当说，从前一个意义上讨论合并管辖并无实际意义，因为其说到底就是一个选择管辖的问题。而从后一个意义上研究合并管辖问题，则兼具理论和实践意义。故本文从后一个意义上使用合并管辖的概念，并结合共同

---

[1] 江伟. 民事诉讼法［M］. 5版，北京：高等教育出版社，2016：138.

[2] 张晋红. 民事诉讼合并管辖立法研究［J］. 中国法学，2012（2）.

诉讼制度对其进行探讨。

合并管辖是因为对某个案件有管辖权的法院，基于另外案件与该案件存在某种牵连关系，有必要进行合并审理而获得对该另外案件的管辖权。例如原告增加诉讼请求，被告提出反诉，第三人提出与本案有关的诉讼请求时，人民法院应当适用合并管辖。对此，《民事诉讼法》规定：原告增加诉讼请求，被告提出反诉，第三人提出与本案有关的诉讼请求，可以合并审理，即由审理原当事人间案件的法院合并管辖。法律上之所以设立合并管辖制度，其目的在于方便当事人诉讼，简化诉讼程序，提高司法效率。

共同诉讼属于复数之诉。既然是多个诉的复合体，则难免出现受诉法院仅对其中部分诉具有法定管辖权而对其他诉不具有管辖权的情形。这种情况下，受诉法院能否基于合并审理的需要而获得对其他诉讼的管辖权，这是笔者讨论合并管辖问题的初衷，更是下文研究的重点。

二、我国司法实践的现行解决思路评析

对于上述问题应当如何解决，我国司法实践中主要有两种解决思路和处理方法。一是适用选择管辖规则，对异议申请不予支持。在原告以多个被告提起共同诉讼，而受诉法院所在地并非全部被告的法定管辖地的情况下，部分被告往往会提起管辖权异议，主张受诉法院没有管辖权。司法实践中，对于被告提出的该类管辖权异议申请，法院常常依《民事诉讼法》第三十五条之规定[1]，驳回被告提出的管辖权异议申请。笔者认为，《民事诉讼法》第三十五条并不能作为解决上述问题的依据。因为，所述问题所涉及的是被告为多人的共同诉讼中应当如何确定管辖法院，其涉及的是合并管辖或者牵连管辖的适用问题。而《民事诉讼法》第三十五条所解决的则是选择管辖问题，即对于一个具体的诉讼，存在多个有管辖权的法院的情况下，选择向哪一个法院提起诉讼，原告对此有选择的权利。二是以各被告不属于必要共同诉讼

[1] 该条规定："两个以上人民法院都有管辖权的诉讼，原告可以向其中一个人民法院起诉；原告向两个以上有管辖权的人民法院起诉的，由最先立案的人民法院管辖。"

的共同被告为由，对异议申请予以支持。该案中，二审法院采取的就是这种处理方法。这种处理方法的主要思路是：首先，共同诉讼分为必要共同诉讼和普通共同诉讼两类，两者的构成要件不同。被告同意合并审理是普通的消极共同诉讼的构成要件之一。其次，对涉案原告提起的共同诉讼是必要共同诉讼还是普通共同诉讼作出判断。最后，如果涉案诉讼不是必要共同诉讼而是普通共同诉讼，由于被告不同意合并审理，故法院不能合并审理，而应当分案处理。

应当说，在法律对合并管辖问题作出明确规定之前，按照该案二审的处理方式解决该类问题无疑是更为妥当的。这种处理方式可以在一定程度上制止原告为诉讼的便利而有意虚列被告“拉管辖”的问题。但值得说明的是，这种处理方式也存在一定的问题：一是何谓普通共同诉讼，何谓必要共同诉讼，在理论上和司法实践中均存在诸多争议，而且这一区分可能会涉及实体问题的审理和判断，故在管辖权异议审查阶段对此作出判断，恐怕并不容易。二是从理论上而言，如果以“被告同意合并审理”作为普通共同诉讼的构成要件之一，则会大大限制普通共同诉讼制度的适用，妨碍原告权利的救济，浪费有限的司法资源，有违纠纷的一次性解决原则。实际上，《民事诉讼法》第五十二条第一款规定的“经当事人同意”，并不仅限于“经双方当事人同意”这一种情形，原告或者被告任何一方的同意均属于“经当事人同意”。[1]简言之，原告以数个被告为共同被告提起普通共同诉讼的，就符合“经当事人同意”的要件，不宜仅以被告不同意合并审理为由，认为原告提起的诉讼不符合普通共同诉讼的构成要件。基于以上分析，笔者认为，如果从共同诉讼构成要件的角度解决上述问题，法院也不宜以“被告不同意合并审理”为由要求原告分案处理，间接支持部分被告提起的管辖权异议申请。正确的处理方式应当是，既然《民事诉讼法》第五十二条第一款明确规定“人民法院认为可以合并审理”为普通共同诉讼的构成要件之一，那么根据案件的具体

---

[1] 赵盛和. 论不真正连带债务请求权的诉讼形态：以民事程序法与实体法的协调与契合为分析路径［J］. 湖南社会科学，2015（3）.

情况，直接以不适用合并管辖、不宜合并审理为由，要求原告分案，另行确定管辖法院。

当然，之所以会产生上述问题，主要的原因在于我国法律对合并管辖制度缺乏明确规定。因此，要想从根本上解决这一问题，最终还是需要修改《民事诉讼法》，构建完善的合并管辖制度。

5 驰名商标的认定标准和保护规则

裁判要旨

尽管被告在第11类申请注册了第15386752号“YaKult益多”商标，但该注册商标与原告第147696号“Yakult”和第147693号“益力多”注册商标相似，且原告第147696号“Yakult”与第147693号“益力多”属于驰名商标。依据《最高人民法院关于审理涉及驰名商标保护的民事纠纷案件应用法律若干问题的解释》第九条的规定，在被告对原告涉案商标的知名度具有充分认知的情况下，仍然在产品包装与广告宣传等处使用与原告驰名商标相似的标识，其不正当借助原告驰名商标的良好市场声誉和知名度的主观故意十分明显。客观上被告的行为足以误导公众，误认为被告生产、销售的产品以及第15386752号“YaKult益多”被诉商标与原告第147696号“Yakult”和第147693号“益力多”驰名商标具有相当程度的联系，这一误导行为势必会减弱原告驰名商标的显著性，贬损原告涉案驰名商标的声誉，淡化其驰名商标的驰名程度，给原告的利益造成实质性损害。因此，被告使用“YaKult”标识或第15386752号“YaKult益多”商标的行为侵犯了原告第147696号“Yakult”和第147693号“益力多”的注册商标专用权。

入选理由

该案是一个涉及驰名商标认定的商标权侵权和不正当竞争纠纷案件。判决对驰名商标的认定以及驰名商标的跨类保护问题进行了全面论述，在依法认定被告侵权的基础上，判令被告停止相应的侵权行为，并结合案件具体情况，判决被告赔偿权利人100万元的经济损失和20万元的维权费用，较好地维护了权利人的合法权益，非常具有代表性和典型性。

案例索引

一审案号：广州知识产权法院（2016）粤73民初1058号

二审案号：广东省高级人民法院（2019）粤民终1938号

基本案情

原告：株式会社益力多本社

原告：广州益力多乳品有限公司

被告：广东日正实业有限公司（以下简称“日正公司”）

被告：广东益多卫浴科技有限公司（以下简称“益多卫浴公司）

一审诉请

原告株式会社益力多本社、广州益力多乳品有限公司向一审法院提起诉讼请求：（1）判令二被告立即停止侵犯原告第147699、第3039671、第147696、第3039672号“Yakult”及第147698、第3039669、第147693、第3039670号“益力多”商标和“Yakult”及“益力多”商号的侵权行为，即立即停止生产、销售标有“Yakult益多”的卫浴产品，并销毁库存的所有标有“Yakult益多”的卫浴产品、包装及相关宣传资料，拆除或修改公司内标有“Yakult”及“益多”的宣传图片和装潢，删除网站上使用“Yakult”及“益多”的宣传信息；（2）判令二被告立即停止将“Yakult”作为英文商号使用的行为；（3）判令被告益多卫浴公司将“eyakult. cn”“eyakult. com”两个域名注销或转移给原告；（4）判令二被告赔偿原告经济损失100万元以及为制止被告的侵权行为支付的合理开支20万元，共计120万元；（5）判令二被告承担该案全部诉讼费用。在庭审中，原告明确确定该案请求保护的注册商标为第147696号“Yakult”和第147693号“益力多”两个商标，并请求认定这两个注册商标为驰名商标。

事实和理由：原告株式会社益力多本社创业于1935年，正式成立于1955年4月，是世界上生产、销售发酵活性乳酸菌的较大制造商之一，其主力产品“Yakult”乳酸菌饮品从1935年开始销售，至今已有80多年历史，销售网络遍布33个国家和地区，在许多国家和地区享有极高的知名度。在中国，原告株式会社益力多本社于1964年在中国台湾设立了养乐多股份有限公司，1969年在中国香港设立了香港益力多乳品有限公司，2001年在中国广州合资成立了原告广州益力多乳品有限公司。

自2002年6月开始，原告株式会社益力多本社许可原告广州益力多乳品有限公司生产的“Yakult”乳酸菌乳饮品（益力多）正式上市销售。由于口感好，保健作用显著，加上“Yakult”著名品牌的号召力，该饮品一经推出便深受消费者喜爱。同时，原告和其关联公司通过电视、报纸、杂志、海报等多种途径进行了大量的宣传。优良的品质、广泛的宣传使包括“益力多”“养乐多”在内的“Yakult”乳酸菌乳饮品在消费者心目中具有极高的知名度。

另外，原告株式会社益力多本社于2004年成立了上海益力多乳品有限公司，2005年成立了养乐多（中国）投资有限公司，2006年成立了北京雅可乳特贸易有限公司，2007年成立了天津养乐多乳品有限公司等。经过长期发展，目前原告株式会社益力多本社已在中国31个城市设立了公司、事务所、分公司，具有极高的知名度。

一、原告对“Yakult”及“益力多”享有商标权及商号权，且“Yakult”及“益力多”商标事实上已达到驰名程度，应作为驰名商标予以保护

（一）原告对“Yakult”和“益力多”享有注册商标专用权，且“Yakult”和“益力多”商标经过长期广泛使用和宣传，具有极高的知名度，已达到了驰名商标的程度

原告株式会社益力多本社作为世界知名企业，十分重视知识产权保护，在中国申请注册了200多个商标，其中“Yakult”和“益力多”作为核心标

识，已分别在多个类别上申请注册了数十个商标。原告株式会社益力多本社在饮料商品上注册了如下商标：

“Yakult”商标

注册号	商品类别	商标图样	申请日	专用权期限	指定商品
147699	32	Yakult	1979年7月2日	2011.6.30—2021.6.29	汽水、果汁等
3039671	32	Yakult	2001年12月14日	2015.4.14—2025.4.13	乳清饮料等
147696	29	Yakult	1979年7月2日	2011.6.30—2021.6.29	乳、乳制品
3039672	29	Yakult	2001年12月14日	2013.2.7—2023.2.6	牛奶、酸奶等

“益力多”商标

注册号	商品类别	商标图样	申请日	专用权期限	指定商品
147698	32	益力多	1979年7月2日	2011.6.30—2021.6.29	汽水、果汁等
3039669	32	益力多	2001年12月14日	2013.2.28—2023.2.27	乳清饮料等
147693	29	益力多	1979年7月2日	2011.6.30—2021.6.29	乳、乳制品
3039670	29	益力多	2001年12月14日	2013.2.7—2023.2.6	牛奶、酸奶等

上述注册商标均在有效期内，因此，原告株式会社益力多本社在饮料等商品上对“Yakult”及“益力多”享有注册商标专用权。且在中国，原告株式会社益力多本社及其他关联公司一直在乳酸菌乳饮品上使用“Yakult”及“益力多”商标，并致力于商品的宣传和推广。

1. 相关公众对该商标的知晓程度

原告株式会社益力多本社及其中国关联公司的“Yakult”乳酸菌乳饮品

在中国销售量连年名列前茅，市场占有率高达40%左右，“Yakult”与“益力多”两标识已为广大消费者所熟知。而且，原告株式会社益力多本社及其关联公司在《人民日报》《新民晚报》《精品购物指南》及《时尚健康》等各大报刊上刊载了大量广告；在广州、深圳、北京等地的各大电视台投放了大量广告；在全国各地的地铁、公交车、候车亭等处投放了大量平面广告；另外，还在热播电视剧如《爱情公寓》《何以笙箫默》与热播电影《蚁人》《火锅英雄》中有广告植入，亦推出了大量网络媒体广告。因此，原告株式会社益力多本社“Yakult”及“益力多”品牌被广泛知晓。

2. 该商标使用的持续时间

“Yakult”及“益力多”商标早在1979年就在中国申请注册。2002年，由原告广州益力多公司生产的“Yakult”乳酸菌乳饮品（益力多）正式上市销售，该商标被大量广泛使用十多年时间，且该商标被使用的范围和程度有年年加大加强之势。

3. 该商标宣传工作的持续时间、程度和地理范围

自“Yakult”及“益力多”产品在中国上市开始，原告及其关联公司便开展了大量的广告宣传工作，持续时间至少有10年。广告形式多样，有报刊、地铁公交等户外广告，有电视广告，也有电影、电视剧的广告植入。广告范围覆盖了中国各大中小城市。

4. 该商标作为驰名商标受保护的记录

由于原告“Yakult”及“益力多”品牌在中国具有极高知名度，被摹仿、抄袭的事件屡见不鲜。在由中国日本商会和日本贸易振兴机构主办、日本知识产权保护团体“国际知识产权保护论坛”和多家日企参与制作的《日企知识产权及假冒产品识别方法手册》中收录和介绍了原告多个主打商标，其中包括“Yakult”及“益力多”商标。“Yakult”商标还被AIPPI日本分会收录在1998年版和2004年版《日本有名商标集》中作为驰名商标保护。此外，模仿原告商标进行商标申请层出不穷。对于这些抢注行为，原告多次提出异议等，有效防止恶意抢注。另外，原告“Yakult”及“益力多”商标成为竞相模仿的对象，在相关商标侵权案件中，原告有关商标权和知名商品的特有

包装装潢权均获得了认可和保护。

5. 该商标驰名的其他因素

原告“Yakult”乳酸菌乳饮品获得过大量奖项和荣誉：曾被选为国际游泳联合会的指定饮品，荣获中华环境保护基金会华南环保基金指导委员会颁发的绿色环保产品证书，在2009—2011年度“品味·我最信赖的食品品牌评选”颁奖典礼上包揽“最佳人气食品奖”及“最受信赖食品品牌大奖”等。

综上，经过原告及其他中国关联公司多年的使用和宣传，“Yakult”与“益力多”商标已广为消费者所熟知和喜爱，具有极高的市场知名度和影响力，已达到了驰名的程度。

（二）原告对“Yakult”和“益力多”享有商号权

原告株式会社益力多本社从成立之日起便以“益力多”及“Yakult”作为中英文商号使用。其于2001年在中国大陆设立原告广州益力多乳品有限公司后，全面进入中国市场。原告株式会社益力多本社在中国开展业务时，一直使用“株式会社益力多本社”及“Yakult honsha Co.，LTD”的企业名称。而且，原告株式会社益力多本社在中国设立的部分子公司也以“益力多”为商号登记企业名称。如2004年设立的上海益力多乳品有限公司等。且这些公司也以“Yakult”作为英文商号来使用。因此，原告对“Yakult”及“益力多”享有商号权。而且，基于原告及其他中国关联公司在中国的长期商业经营活动，以及“Yakult”乳酸菌乳饮品的极高市场占有率和市场认可度，“Yakult”及“益力多”早已成为具有一定市场知名度且为相关公众所知悉的企业字号，应受《中华人民共和国反不正当竞争法》（以下简称《反不正当竞争法》）等法律的保护。

二、二被告的行为侵犯了原告的商标权和商号权，构成不正当竞争

（一）二被告未经许可，在其产品、宣传资料、公司装潢、网页宣传等处使用“Yakult”及“益多”标识，容易造成消费者混淆和误认，且淡化了原告商标商号的显著性，侵犯了原告驰名商标的专用权和商号权，构成不正当竞争

被告日正公司成立于2005年，被告益多卫浴公司成立于2007年，两者

为相同投资者设立的关联公司，均主要从事卫浴系列产品的生产和销售。二被告在其生产、销售的卫浴产品及其宣传资料上大量使用“Yakult”“益多”标识，且其网站网页及其阿里巴巴和淘宝店铺、公司装潢及员工名片上均显著标识“Yakult”“益多”标识。

被告日正公司的工商注册地址、公司内部装潢并列记载了被告日正公司和益多卫浴公司的企业名称。被告益多卫浴公司法定代表人的名片上记载了被告日正公司与益多卫浴公司的企业名称。被告日正公司还利用被告益多卫浴公司注册的域名“eyakult. com”建立网站，作为其对外宣传的主页，网站上宣传的信息无法确定是对被告日正公司还是益多卫浴公司的宣传。而被告日正公司和益多卫浴公司的阿里巴巴和淘宝网站设立的电商网店都以“Yakult益多”作为品牌和商号，且二被告在宣传中均使用“Guangdong Yakult Sanitary Technology Co. , LTD”作为英文商号。因此，二被告存在混业经营、主体混同的情形。二被告的侵权行为无法具体拆分，不能确定具体侵权人，因此，二被告属于必要共同被告，应承担连带责任。

二被告是生产经营卫浴产品的企业，其在卫浴相关商品及其宣传上使用“Yakult”及“益力”。虽然卫浴产品与原告“Yakult”及“益力多”商标所使用的乳酸菌乳饮品不属于相同或类似商品，但卫浴产品与乳酸菌乳饮品均属于日常消费品，其相关公众均为普通消费者，即两类产品具有共同的相关公众。由于原告注册商标“Yakult”及“益力多”事实上已经达到驰名的程度，其市场影响力和知名度已经超过饮料这一指定商品的范围，为广大相关公众所认知。相关公众看到“Yakult”及“益力多”即会联想到原告及其产品。被告在卫浴产品上使用“Yakult”及“益多”标识，相关公众施以一般注意力，极易误认被告及其产品与原告及其产品具有某种关联。而且，“Yakult”及“益力多”均为原告独创的商标，没有固定含义，具有极强的显著性。该商标具有显著性并承载着巨大商业价值。被告在卫浴产品等产品上的使用，不仅会误导公众，同时还会逐渐削弱或降低原告商标所具有的信誉，造成原告驰名商标知名度和显著性的淡化，极大损害原告的利益。

二被告未经许可擅自使用与原告驰名商标“Yakult”完全相同的标识，

并使用与原告驰名商标“益力多”相近似的“益多”标识，误导相关公众，构成对原告驰名商标权的侵犯，依法应予以制止。此外，“Yakult”及“益力多”也是原告的知名商号。被告的上述行为主观上明显具有通过“傍名牌，搭便车”而获取不正当利益的意图，客观上极易造成消费者的混淆误认，侵犯了原告的商号权，构成《反不正当竞争法》规定的不正当竞争行为。

（二）二被告未经许可将“Yakult”作为其英文商号进行使用，被告益多卫浴公司注册和使用“eyakult. cn”“eyakult. com”两域名，其行为侵犯了原告“Yakult”驰名商标的专用权和英文商号权，构成不正当竞争

二被告在企业经营和对外宣称中使用“Guangdong Yakult Sanitary Technology Co.，LTD”作为其英文企业名称，且将“Yakult”作为英文商号进行大量突出使用。被告益多卫浴公司注册了“eyakult. cn”“eyakult. com”两个域名，并使用“eyakult. com”域名建立公司主页，在该网页上销售有“Yakult益多”标识的商品。虽然二被告经营的产品与原告“Yakult”核定使用的商品不属于相同或类似商品，但拥有共同的相关公众。二被告将“Yakult”作为英文商号使用的行为，极易导致相关公众误认被告益多卫浴公司与原告具有某种关联。被告益多卫浴公司的中文商号与原告中文商号也仅差中间一字，加深了相关公众混淆误认的可能性。

此外，被告益多卫浴公司注册和使用的两域名的主体部分“eyakult”与原告商标和知名商号“Yakult”仅有一个字母之差。“E”在互联网领域具有电子和网络的含义，如Email表示电子邮件。很多企业在发展电子商务时都在原品牌前加上字母E表示该品牌在网络经营，因此“eyakult. cn”“eyakult. com”两域名极易被相关公众识别为“E + yakult”，从而误认为与原告及其产品具有某种关联。而二被告使用“eyakult. com”域名建立的公司主页上大量突出使用“Yakult”，更加深了相关公众混淆误认的可能性。

三、二被告的行为侵害原告合法权利，应当承担停止侵权、排除妨碍、消除危险、赔礼道歉、赔偿损害等民事责任

二被告的行为侵害原告的商标权和商号权，应当停止所有使用“Yakult”

及“益多”标识的行为，包括立即停止生产、销售、宣传标有“Yakult 益多”的卫浴产品，销毁所有库存产品和相关宣传材料，删除网站上所有相关宣传信息，拆除或修改公司内所有相关宣传图纸和装潢，停止将“Yakult”作为英文商号使用，并将“eyakult. cn”“eyakult. com”两域名注销或转移给原告。

二被告的侵权行为给原告造成了巨大经济损失，且原告为调查和制止被告的侵权行为支出了大量费用。二被告应对原告所有损失进行赔偿。

对于有关经济损失赔偿问题，因被告侵权所得的证据由被告掌控，原告客观上难以取得。综合考虑以下情形，请求法院判令被告承担 100 万元经济损失。（1）“Yakult”和“益力多”为原告株式会社益力多本社独创的商标和商号，具有极强的显著性，在中国具有极高知名度。原告为宣传和推广该商标和商号投入了巨大的人力物力。二被告的行为误导公众，给原告商标和商号的显著性和品牌价值造成了极大的损害。（2）二被告侵权范围广，持续时间长，侵权情节严重。二被告在其所生产销售的卫浴产品上几乎都使用“yakult”和“益多”标识，在产品宣传、网站、公司装潢等处大量突出使用“yakult”和“益多”标识，且二被告突出使用的“Yakult”的样态和原告的“Yakult”极为近似。另外，被告益多卫浴公司还将“Yakult”作为其英文商号使用，并注册和使用与“Yakult”相近似的域名。二被告的前述行为明显具有不当诱导消费者的恶意，从其侵犯范围广、持续时间长、情节恶劣可以推断其侵权获利多。（3）二被告具有明显的恶意。鉴于原告及其商标商号的极高知名度，尤其是原告广州益力多乳品有限公司设立于广州，且原告的乳酸菌乳饮品在中国内地最早从广东省起步，原告“Yakult”和“益力多”商标和商号在广东省的知名度尤其高。二被告是广东省设立的企业，不可能不知晓原告的商标和商号，显然为了获取不正当利益，而有意模仿原告的中英文商标和商号，意图混淆消费者。而且，被告益多卫浴公司还在美国和欧洲申请了“Yakult 益多”及“Yakult”等商标。被告的这种行为明显是为了利用原告相关商标在全球的知名度和影响力，谋求不正当利益，具有“傍名牌，搭便车”的恶意。原告株式会社益力多本社曾就二被告的侵权行为向其发出过警告，要求其停止侵权行为，二被告置之不理。二被告的行为违反诚实信用原则，不仅损害了原告的合法权益，还损害了消费者利益，破坏了正常的市场竞争秩序。综合考虑原告“Yakult”与“益力多”商标商号的高知名度和品牌价值以及被告的侵权情节，原告请求100万元的法定赔偿。

另外，原告合理的维权成本应另行计赔。为调查被告的侵权行为，原告进行了数次调查。为了保全证据，原告对被告网站主页及其阿里巴巴和淘宝店铺上的涉嫌侵权信息进行了网页公证，并对涉嫌侵权产品进行了公证购买。原告为了提起该案诉讼，根据相关法律规定，向有关翻译机构委托翻译诉讼资料。此外，原告先后委托律师向被告发出警告、与被告进行交涉谈判、代为调查取证并且进行诉讼等，发生了相关律师费。此外，原告还支出了很多费用，如就相关诉讼资料在日本进行公证认证的费用等。因此，原告为制止被告的侵权行为而支付的合理支出已超过20万元。因此，原告请求20万元的维权合理支出合法合理。

二被告共同答辩称：(1) 对原告起诉的形式要件有异议。起诉状末尾没有二原告的签名和盖章，原告的起诉不符合起诉条件。原告株式会社益力多本社是日本公司，起诉状没有法定代表人签名和公司盖章。原告广州益力多乳品有限公司是一个国内公司，起诉状也没有法定代表人签名和公司盖章。因此，从起诉的形式要件上看不出原告的意思表示。(2) 原告主张的商标注册专用权是“Yakult”和“益力多”两个商标，原告举证主要是证明其在第29类和第32类商品上享有商标专用权。而被告经销的商品主要是卫浴产品，属于第11类商品。根据《商标法》的规定，只有在同种商品或类似商品上使用与原告相同或近似的商标才构成侵权，因此，被告的行为不构成侵犯原告的注册商标权。原告主张其涉案商标属于驰名商标应进行跨类保护，但其举证不能证明涉案商标属于驰名商标，因此，应驳回原告要求跨类保护的请求。

案件事实

一、有关二原告涉案商标的权利情况

第147696号“Yakult”商标由原告株式会社益力多本社注册，有效期至2021年6月29日，核定使用商品为第29类：乳、乳制品。

第147693号“益力多”商标由原告株式会社益力多本社于1981年6月30日获准注册，有效期至2021年6月29日，核定使用商品为第29类：乳、乳制品。

2016年5月23日，原告株式会社益力多本社与原告广州益力多乳品有限公司签订授权协议，原告株式会社益力多本社授权原告广州益力多乳品有限公司普通许可其第147696号、第147693号等6个商标。上述商标许可合同经过国家商标局备案，许可期限自2013年2月7日至2021年6月29日。

2016年3月25日，原告广州益力多乳品有限公司签署授权委托书，委托北京魏启学律师事务所陈某律师和张某律师为该公司与益多卫浴公司、日正公司之间关于侵犯商标权及不正当竞争纠纷一案诉讼一审和二审的诉讼代理人，代理权限为特别授权，包括代为起诉、上诉、应诉；承认、放弃、变更诉讼请求；代为进行和解；代为提起反诉；代为签署、递交、接受和专递法律文书；代为进行侵权鉴定；各种费用以及损害赔偿的收取、转委托等。

二、有关二原告委托授权的情况

2016年3月28日，原告株式会社益力多本社签署授权委托书，委托北京魏启学律师事务所陈某律师和张某律师为该公司与益多卫浴公司、日正公司之间关于侵犯商标权及不正当竞争纠纷一案诉讼一审和二审的诉讼代理人，代理权限为特别授权，包括代为起诉、上诉、应诉；承认、放弃、变更诉讼请求；代为进行和解；代为提起反诉；代为签署、递交、接受和专递法律文书；代为进行侵权鉴定；各种费用以及损害赔偿的收取、转委托等。该授权委托书有株式会社益力多本社加盖公章并有法定代表人签名，同时附有当前

全部事项证明书。该授权委托书经过日本东京法务局官员、日本外务省官员和我国驻日本大使馆领事部官员证明。

2016 年 6 月 13 日，二原告委托代理人张某签订转委托书，将其该案所有代理权限转让给北京魏启学律师事务所高某婷律师。2017 年 12 月 25 日，高某婷律师签订转委托书，将其该案所有代理权限转让给北京魏启学律师事务所于某闻律师。

三、有关原告两个涉案商标驰名程度的情况

1. 原告株式会社益力多本社除申请注册上述第 147696 号“Yakult”和第 147693 号“益力多”商标外，另在核定使用商品第 32 类申请注册第 147699 号“Yakult”商标、第 3039671 号“Yakult”商标、第 147698 号“益力多”商标、第 3039669 号“益力多”商标，在核定使用商品第 29 类申请注册第 3039672 号“Yakult”商标、第 3039670 号“益力多”商标。

2. 原告株式会社益力多本社先后将其第 147696 号“Yakult”和第 147693 号“益力多”商标等多个注册商标许可给原告广州益力多乳品有限公司、上海益力多乳品有限公司、天津养乐多乳品有限公司、无锡养乐多乳品有限公司等公司使用，该商标使用许可合同经原国家工商行政管理总局商标局备案。

3. 原告株式会社益力多本社于 2001 年 1 月 16 日成立原告广州益力多乳品有限公司。后在我国成立养乐多（中国）投资有限公司［英文名：YAKULT（CHINA）CORPORATION］、上海养乐多贸易有限公司、上海益力多乳品有限公司、北京雅可乳特贸易有限公司、天津养乐多乳品有限公司等 40 多家公司、分公司及分支机构等关联企业。

4. 原告广州益力多乳品有限公司 2006—2009 年度审计报告显示：该公司 2006 年度主营业务收入 151041142. 87 元，主营业务利润 15177830. 46 元；2007 年度主营业务收入 201674348. 73 元，主营业务利润 104483520. 59 元；2008 年度主营业务收入 269570060. 62 元，主营业务利润 38679914. 25 元；

2009 年度主营业务收入 346375207. 06 元，主营业务利润 77732934. 73 元；2010 年度主营业务收入 420993767. 66 元，主营业务利润 90098219. 26 元；2011 年度主营业务收入 576302804. 97 元，主营业务利润 123668988. 17 元；2012 年度主营业务收入 714201430. 39 元，主营业务利润 193510518. 21 元等。

原告株式会社益力多本社的关联企业北京雅可乳特贸易有限公司 2006—2010 年度审计报告显示：该公司 2006 年度主营业务收入 6824112. 98 元，主营业务利润 3405264. 32 元；2007 年度主营业务收入 28751337. 36 元，主营业务利润 13553207. 40 元；2008 年度主营业务收入 41538532. 19 元，主营业务利润 547385. 17 元；2009 年度主营业务收入 58683324. 19 元，主营业务利润 4924035. 97 元；2010 年度主营业务收入 73692969. 89 元，主营业务利润 1617504. 12 元等。

另外，原告株式会社益力多本社提交了其在我国关联公司养乐多（中国）投资有限公司、上海益力多乳品有限公司、天津养乐多乳品有限公司、上海养乐多贸易有限公司等多家关联公司连续多年的审计报告。

5. 原告广州益力多公司自 2002 年开始，与广州市万佳百货有限公司、华联贸易有限公司、广州百佳超级市场有限公司、广州市 8 字连锁店有限公司、广东吉之岛天贸百货有限公司、广州家乐福超市有限公司、广州易初莲花超市有限公司、大润发商业有限公司、乐购超市有限公司、广州喜士多便利连锁有限公司、永旺华南商业有限公司、华润万家有限公司、新一佳超市有限公司、利亚华南便利店有限公司等多家公司签订销售合同，销售乳酸菌饮料。

原告株式会社益力多本社其他关联企业与北京北辰实业股份有限公司北辰超市连锁分公司、添美实业发展有限公司等多家公司签订合同，销售乳酸菌饮料。

原告提交了近 200 张其在广东、北京、浙江、山东、江苏、湖北等地销售“益力多”乳酸菌饮品的增值税专用发票。

6. 据快速消费品网站登载的文章介绍，2007 年乳酸菌饮料销售额市场占有率养乐多（Yakult）为第一，占 42. 8%；2008 年乳酸菌饮料销售额市场占有率养乐多（Yakult）为第一，占 45. 8%；2010 年、2011 年乳酸菌饮料销售额市场占有率养乐多（Yakult）均为第一，超过35%。

7. 原告广州益力多乳品有限公司就其益力多乳酸菌饮品于2002年与上海大广贸促广告有限公司广州分公司签订电视广告代理合同，2007—2010年与大广（广州）广告有限公司签订多份公交车身广告代理合同、电视广告制作合同、电视广告代理合同、公交车移动电视投放合同，2007—2009年与智威汤逊-中乔广告有限公司广东分公司签订多份广告（媒介）代理协议书，2011年与上海旭通广告有限公司广州分公司签订多份广告投放合同，2011年、2013年与上海守恒广告有限公司签订多份广告投放合同、广告发布合同，2010年与上海彩智广告有限公司广州分公司、广州漫步嘉可广告有限公司签订广告发布合同，2011—2013年与广东凯络广告有限公司签订媒介代理合同。

原告株式会社益力多本社在我国的关联公司养乐多（中国）投资有限公司就其养乐多饮品于2006年、2007年与智威汤逊-中乔广告有限公司上海分公司签订多份媒介代理协议，2007年、2008年与苏州市广播电视总台签订多份电视广告投放合同，2006—2008年与北京市七星彩虹广告有限公司签订多份广告发布合同，2008年与无锡市国谊广告有限公司签订媒体投放委托协议书，2008年与青岛五洲广告有限公司签订多份广告发布合同，2007年与上海新结构广告有限公司签订多份框架媒介广告发布合同，2007年与苏州工业园区肯达文化艺术发展有限公司签订苏州公交车身广告合同书，2007—2009年与天津龙腾星海广告传媒有限公司签订多份广告代理合同，2007年与南京广通金地广告有限公司签订南京巴士广告销售合同，2007年、2008年与上海新主流传媒技术有限公司杭州分公司签订多份杭州公交电子站显示屏广告发布合同，2007年与北京蓝海通路广告有限公司签订广告发布合同等。

另外，原告株式会社益力多本社的关联公司与上海、北京、广州、深圳、无锡、福州、厦门、济南等地的广告公司就其益力多或养乐多产品签订广告合同。

上述广告合同约定原告及其关联企业的广告投放地包括我国各大中城市，约定的广告形式包括电视广告、公交车身广告、户外灯箱广告、公交候车亭站牌等。同时，原告提交了相应的广告费支付凭证。

8. 2003—2009 年，原告就其“益力多”“Yakult”（养乐多）乳酸菌饮品在《新民晚报》《申江服务导报》《人民日报》《新闻晨报》《每周广播电视报》《上海科技报》《时代报》《都市主妇》《瑞丽》《库棒》《美丽通信》《精品购物指南》《北京青年周刊》《竞报》《北京青年报》《聪明宝宝》《希望月报》《健康准妈妈》《大众医学》《亲子嘉年华》《现代家庭生活》《新闻晚报》《时尚》《半岛都市报》《上海一周》《都市周报》等报刊刊登广告。

2011—2012 年，原告在广东电视台、广东南方电视台、广州电视台、深圳电视台等电视台多个频道、多个节目和时间段对其“益力多”“养乐多”乳酸菌饮品发布广告。央视市场研究股份有限公司发布的“养乐多”电视广告监测汇总报告显示，2012 年“养乐多”活性乳酸菌饮料总共发布广告 20679 次，总长度 309321 秒。

9. 原告广州益力多乳品有限公司的“益力多、Yakult、养乐多”牌活性乳酸菌饮品被准予使用绿色环保产品证书，益力多乳酸菌乳饮品曾获 2003—2004 年度新快报“放心乳制品”消费者评选活动“最放心酸乳制品”称号，“Yakult 益力多”（2002. 8—2003. 3）曾获十大商场百佳名牌广州万民铸诚信荣誉品牌，2003 年被授予“益力多、Yakult、养乐多”活性乳酸菌乳饮品“中华绿色环保”标识，“益力多”活性乳酸菌乳饮品被评为 2006 年度乳酸菌饮料系列“广东最受欢迎五佳乳品”等称号。

原告株式会社益力多本社的关联公司养乐多（中国）投资有限公司曾获 2011 年中国食品健康七星奖、2011 年（秋）畅销金品，2010 年养乐多乳酸饮料在《京华时报》组织评选活动中被消费者评为“最佳人气食品奖”和“最受信赖食品品牌大奖”等。搜狐网 2013 年曾刊登文章显示“全球快消品牌足迹排行榜发布养乐多（Yakult）跻身全球 50”。网文登载：2011—2017 年“养乐多”均被列入中国品牌力指数乳酸菌饮料品牌排行榜；“养乐多”（Yakult）曾获 2006—2016 年经典饮品大奖；2014 年“Yakult”蝉联中国食品健康七星奖；益力多日均销售量达 3500 万瓶，目前已进入 38 个国家和地区销售等。“Yakult（益力多）”2017 年为广州马拉松官方供应商。

10. 2011—2012 年，有《常州晚报》《半岛都市报》《京华时报》《申江服务导报》《新华社经济资讯社》《城市快报》《健康周刊》《北京晨报》《济南时报》《第一财经日报》《杭州日报》《南京日报（数字报）》《厦门晚报》《长沙晚报》《三湘都市报》《现代快报》《齐鲁晚报》《青岛晚报》《新侨报》《扬子晚报》等报刊对原告活动或其产品“养乐多（Yakult）”进行报道。

2005—2010年，在《中国质量报》《中国食品报》《上海证券报》《中国创意》《乳业科学与技术》《中国食品质量报》《解放日报》《中外食品》《中国消费者报》《消费日报》《中国知识产权报》《中国经营报》《食品工业》《经理人》《民营经济报》《新文化报》《信息日报》《江南都市报》《燕赵晚报（数字报）》《东亚经贸新闻报》《重庆时报》《江苏经济报》《深圳商报》《羊城晚报》《南方都市报》《海峡都市报》等报纸刊登有介绍原告或其产品“益力多”“养乐多（Yakult）”的文章。

1986年出版的《日本在华注册上集》、2005年出版的《日企知识产权及假冒产品识别办法手册》等书籍收录有原告及其“益力多”“养乐多（Yakult）”产品名称。

11. 2005年7月17日，原告株式会社益力多本社与国际游泳联合会签订协议，约定在国际游泳联合会组织的世界游泳锦标赛等赛事中，养乐多产品为官方指定产品，原告有权将其产品目录有关“养乐多”公司的名字或标志作为广告。

12. 原国家工商行政管理总局商标局曾作出多份商标异议裁定书，裁定“养力多及图”“益力”“雅乐多及图”“益乐多 YAKUDO 及图”等被异议商标不予核准注册。

原国家工商行政管理总局商标局曾作出多份商标异议复审裁定书，裁定“YEIDO 益以多 1968”“养多多及图”“养益多”“养力多及图”等被异议商标不予核准注册。

13. 株式会社益力多本社、上海益力多乳品有限公司和养乐多（中国）投资有限公司作为原告向上海市浦东新区人民法院起诉被告浙江果然食品有限公司侵犯其第147693号“益力多”等注册商标专用权等。上海市浦东新区人民法院作出（2015）浦民三（知）初字第936号民事判决，判决被告浙江果然食品有限公司停止侵害株式会社益力多本社第147693号“益力多”等注册商标享有的注册商标专用权，并赔偿原告经济损失和为制止侵权行为而支出的合理费用。后被告浙江果然食品有限公司不服上诉。2017年6月28日，上海知识产权法院作出（2017）沪73民终53号民事判决书，判决驳回上诉，维持原判。

2017年10月13日，平阴县市场监督局认定济南绿宝乳业有限公司经营的“菌益多”乳品涉嫌仿冒知名商品特有的包装装潢，作出平市监处字第（2017）92号行政处罚决定，对该公司作出没收违法所得并罚款的行政处罚。

四、关于二被告的被诉侵权行为情况

1. 2015年11月11日，北京魏启学律师事务所委托代理人高某婷来到北京市国立公证处，申请对互联网上的部分网页内容进行保全证据公证。当日，在该公证处公证员与工作人员的现场监督下，高某婷使用该公证处的电脑进行以下操作：打开IE浏览器，输入“http//www.dgeca.com/comp/about-920.aspx”（东莞市电子商务协会网），进入“广东日正实业有限公司”的网站，该网站“公司简介”有“始建于2005年，集专业研发、制造、销售、售后于一体的高新技术企业，旗下拥有瑞士品牌益多厨卫‘YAKULT’……”等内容，“联系我们”显示：谢某艺 总经理及其电话；周某 副总经理及其电话。北京市国立公证处对上述操作过程中的截屏图片共6页进行打印，并出具（2015）京国立内证字第13342号公证书。

2. 2015年11月11日，北京魏启学律师事务所委托代理人高某婷来到北京市国立公证处，申请对互联网上的部分网页内容进行保全证据公证。在该公证处公证员与工作人员的现场监督下，高某婷使用该公证处的电脑进行以下操作：打开IE浏览器，输入“http//www.alibaba.com”（阿里巴巴网），再输入“yakult”进行搜索，点击页面中的“Guangdong Yakult Sanitary Technology Co.，Ltd”进入该网站，该网站显示“Yakult”“Guangdong Yakult Sanitary Technology Co.，Ltd”等标识，并有不同卫浴产品的图片等信息。北京市国立公证处对上述操作过程中的截屏图片共88页进行打印，并出具（2015）京国立内证字第 13343 号公证书。

3. 2015 年 11 月 11 日，北京魏启学律师事务所委托代理人高某婷来到北京市国立公证处，申请对互联网上的部分网页内容进行保全证据公证。在该公证处公证员与工作人员的现场监督下，高某婷使用该公证处电脑进行以下操作：打开 IE 浏览器，输入“http//www. eyakult. com”，该网站网页均突出标识“YaKult”，并有不同卫浴产品的图片等信息。北京市国立公证处对上述操作过程中的截屏图片共 13 页进行打印，并出具（2015）京国立内证字第 13347 号公证书。

4. 北京魏启学律师事务所的委托代理人杨某仃来到北京市国立公证处，申请对广东省东莞市奥博高新科技园 C 座 406 现场现状进行拍照、现场领取相关材料的行为办理保全证据公证。2016 年 3 月 30 日，该公证处公证员和工作人员与杨某仃来到广东省东莞市奥博高新科技园 C 座 406，由公证人员对现场进行拍照。在该现场，有自称是广东日正实业有限公司及广东益多卫浴科技有限公司总经理的周某接待了杨某仃，并向其提供了周某的名片、“YaKult”“益多”品牌宣传彩册一份。该公证处公证人员对东莞市奥博高新科技园 C 座 406 现场以及名片、宣传册等共拍摄照片 20 张，并出具（2016）京国立内证字第 6339 号公证书。东莞市奥博高新科技园 C 座 406 现场照片显示，公司入门口墙壁上张贴有“广东日正实业有限公司”与“广东益多卫浴科技有限公司”的招牌，墙壁上悬挂的产品图片上有“日正实业”“Yakult”“益多 · 卫浴”等标识；周某的名片显示其为“广东日正实业有限公司”与“广东益多卫浴科技有限公司”的总经理，名片上显示公司网址：www. eyakult. com，名片上有“Guangdong Yakult Sanitary Technology Co. , Ltd”的英文企业名称；产品宣传册上有不同的产品图片。

5. 2016 年 4 月 15 日，北京魏启学律师事务所的委托代理人孟某来到北京市国立公证处，申请对其在互联网上的购买行为办理保全证据公证。当日，在该公证处公证员与工作人员的监督下，孟某使用该公证处电脑进入互联网进行如下操作：打开 360 浏览器，输入 http：//www. taobao. com 点击回车，再在搜索栏中输入“益多卫浴工厂店”，点击“店铺”及搜索，进入“益多卫浴工厂店”网店，该网店显示有“广东益多卫浴科技有限公司”的工商营业执照，“专业生产并研发卫浴系列产品”等公司简介，“YAKULT 益多”的标识，不同卫浴产品的图片、价格等信息。孟某在该网店内下单购买了“全铜手持花洒喷头浴室增压淋浴花洒莲蓬头淋浴器喷头方形洗澡花洒”一个。2016 年 4 月 27 日，孟某在该公证处公证员与工作人员的监督下，接收并当场拆开了中通快递所投递的包裹。公证人员对包裹外观及包裹内的产品及发货单、发票、宣传页分别进行拍照，之后将上述产品装入原包装后由公证人员加贴公证处保全证据备案封单并加盖保全证据专用章，公证人员对封装完的包装进行拍照。该公证处公证员对上述操作过程中取得的网页截屏以及拍摄取得的照片进行打印，对上述操作过程进行公证并出具（2016）京国立内证字第 5685 号公证书。

经庭审当庭拆封上述公证书公证的封存物，内有浴室花洒产品一个，该产品外包装上有“YaKult 益多”“www. eyakult. com”等标识以及“Guangdong Yakult Sanitary Technology Co. , Ltd”等企业信息。被告益多卫浴公司确认该被诉侵权产品为该公司所销售。

6. 2016 年 4 月 18 日，北京魏启学律师事务所的委托代理人孟某来到北京市国立公证处，申请对其在互联网上的购买行为办理保全证据公证。当日，在该公证处公证员与工作人员的监督下，孟某使用该公证处电脑进入互联网进行如下操作：打开 360 浏览器，输入 http：//www. 1688. com 点击回车，再在搜索栏中输入“广东日正实业有限公司”，点击供应商及搜索，进入“广东日正实业有限公司”网店。该网店网页显示有“广东日正实业有限公司”的工商营业执照，“多年卫浴制造与外销的经验基础”等公司简介，“益多 YAKULT”等标识，不同产品的图片、价格等信息，以及“工厂直销”“工厂批发”“厂家直销”等宣传信息。孟某在“广东日正实业有限公司”的网店内下单购买了“淋雨花洒喷头”一个。2016 年 4 月 27 日，孟某在该公证处公证员与工作人员的监督下，接收并当场拆开了中通快递所投递的包裹。公证人员对包裹外观及包裹内的产品及发货单、发票、宣传页分别进行拍照，之后将上述产品装入原包装后由公证人员加贴公证处保全证据备案封单并加盖保全证据专用章，公证人员对封装完的包装进行拍照。该公证处公证员对上述操作过程中取得的网页截屏以及拍摄取得的照片进行打印，对上述操作过程进行公证并出具（2016）京国立内证字第5686号公证书。

经庭审当庭拆封上述公证书公证的封存物，内有浴室花洒产品一个，该产品外包装上有“YaKult益多”“www. eyakult. com”等标识以及“Guangdong Yakult Sanitary Technology Co. , Ltd”等企业信息。被告日正公司确认该被诉侵权产品为该公司所销售。该被诉侵权产品与北京市国立公证处（2016）京国立内证字第5685号公证书公证购买的产品及外包装均相同。

7. 2017年9月6日，北京魏启学律师事务所委托代理人孟某来到北京市国立公证处，申请对其登录网站浏览、保存、打印相关网页内容的过程进行保全证据公证。在该公证处公证员与工作人员的现场监督下，孟某使用该公证处电脑进行以下操作：打开IE浏览器，搜索“益多卫浴工厂店”，并点击进入。该网站网页显示该网店的经营者为被告益多卫浴公司。该网店网页产品有“YaKult”等标识，并有不同卫浴产品的图片等信息。北京市国立公证处对上述操作过程中的截屏图片进行打印，并出具（2017）京国立内证字第9362号公证书。

8. 被告益多卫浴公司于2015年1月9日在阿里云计算有限公司（万网）注册域名“eyakult. cn”。Guang Dong Yi Duo Wei Yu Ke Ji You Xian Gong Si于2014年11月7日在HICHINA ZHICHENG TECHNOLOGY LTD注册域名“eyakult. com”。

在庭审中，被告益多卫浴公司确认上述两个域名均为该公司所有。

9. 将原告第147696号“Yakult”、第147693号“益力多”两个注册商标与被诉侵权商品上使用的“YaKult益多”标识进行比对：（1）被诉侵权标识“YaKult”与原告“Yakult”标识组成的字母完全相同，但被诉侵权标识中第三个字母“K”为大写，原告商标“Yakult”中第三个字母“k”为小写。（2）被诉侵权标识“益多”比原告“益力多”商标少中间一个“力”字，两者其余汉字相同，且字体相近。

将原告第147696号商标“Yakult”与被告益多卫浴公司注册的域名

“eyakult. cn”“eyakult. com”进行比对：（1）被诉侵权域名比原告涉案商标多了一个首字母“e”，其余组合的字母完全相同。（2）被诉侵权域名字母全是小写字母，原告商标“Yakult”首字母为大写“Y”，其余字母均为小写。

10. 2015 年 11 月 23 日，北京魏启学律师事务所律师张某、高某婷受原告株式会社益力多本社委托，向被告日正公司发出警告函，对该公司侵犯原告株式会社益力多本社第 9291237 号“YAKULT”注册商标专用权的行为以及不正当竞争行为提出警告。但原告未提交被告日正公司签收该警告函的证据。

2016 年 1 月 26 日，北京魏启学律师事务所律师张某、高某婷受原告株式会社益力多本社委托，向被告日正公司发出通告书，对该公司侵犯原告株式会社益力多本社“Yakult”“益力多”注册商标专用权的行为以及不正当竞争行为发出通告，要求其停止商标侵权及不正当竞争行为。2016 年 2 月 2 日，北京市国立公证处对北京魏启学律师事务所律师张某、高某婷向被告日正公司邮寄通告书的行为进行公证，并出具（2016）京国立内证字第 1645 号公证书。

原告向阿里巴巴知识产权投诉平台多次投诉被告日正公司在其网站上的产品、宣传资料等使用的“Yakult”标识构成商标侵权，投诉被告益多卫浴公司在其淘宝旗舰店上使用的“YAKULT 益多”构成商标侵权。

五、关于二被告涉案商标的权利情况

1. 被告日正公司于 2014 年 9 月 22 日申请注册号为第 15386752 号“YaKult 益多”（“YaKult”与“益多”上下排列）的商标。该商标核定使用商品为坐便器、抽水马桶、蒸汽浴装置、淋浴隔间、小便池（卫生设施）、浴室装置、冲水装置、马桶座圈、盥洗池（卫生设备部件）；同时注明被驳回商品：水管龙头。该商标于 2017 年 4 月 27 日通过初审。后被告日正公司获得第 15386752 号“YaKult 益多”（“YaKult”与“益多”上下排列）商标注册。该商标核定使用商品为第 11 类：坐便器、抽水马桶、蒸汽浴装置、淋浴隔间、小便池（卫生设施）、浴室装置、冲水装置、马桶座圈、盥洗池（卫生设备部件）；注册有效期自 2017 年 7 月 28 日至 2027 年 7 月 27 日。

2. 原国家工商行政管理总局商标局作出《关于第 9291237 号第 11 类“YAKULT”注册商标连续三年不使用撤销申请的决定》，决定撤销株式会社益力多本社第 9291237 号第 11 类“YAKULT”商标在“蒸汽浴装置”部分核定使用商品上的注册。

3. 2018 年 9 月 27 日，原国家工商行政管理总局商标局作出（2018）商标异字第 46588 号《第 15386752 号“益多 YAKULT”商标准予注册的决定》，决定第 15386752 号“益多 YAKULT”商标准予注册。原告株式会社益力多本社称其已提起注册商标无效宣告申请。

六、关于原告主张的经济损失及为制止侵权行为支出的合理开支

在庭审中，原告未提交其因被告侵权所受实际损失或被告因侵权所获利益的证据，请求法院综合考虑原告两个涉案商标的品牌价值与被告的具体侵权情节，在法定赔偿范围内判决二被告赔偿其经济损失 100 万元。原告为证明其为制止该案侵权行为支出的合理开支，提交了律师费、公证费、翻译费和购买被诉侵权产品费用的发票，上述费用共计 183162.18 元。同时原告主张：该案诉讼程序仍在进行，必然还会发生律师费等法律服务费；原告在日本对授权委托的主体资格资料进行公证认证的手续已经当然发生相应费用。原告为制止侵权行为支出的合理开支必然超过 20 万元，因此，请求二被告赔偿其为制止侵权行为支出的合理费用 20 万元。

七、二被告的主体情况等其他事实

1. 被告日正公司系于 2005 年 4 月 22 日成立的自然人投资或控股的有限责任公司；法定代表人为谢某艺；自然人股东为谢某艺和周某；注册资本 1500 万元；原经营场所为东莞市南城区莞太路与车站路交会处奥博高新科技园一期之 C 栋第四层 406 室，现工商登记住所变更为广东省东莞市万江街道蚬涌社区莞穗路蚬三路 41 号日正大厦五楼 B 区；经营范围为研发、产销、网上销售：卫浴洁具、陶瓷制品；销售：电子零器件、五金制品、电动工具及配件、金属材料等。

2. 被告益多卫浴公司系于2007年7月13日成立的自然人投资或控股的有限责任公司；法定代表人为周某；自然人股东为周某和蔡某芳；注册资本1000万元；原经营场所为东莞市南城区莞太路与车站路交会处奥博高新科技园一期之C栋第四层405室，现工商登记住所变更为广东省东莞市万江街道蚬涌社区莞穗路蚬三路41号日正大厦五楼510室；经营范围为研发、产销、网上销售：卫浴洁具、建筑材料、装饰材料、石材、陶瓷、烤箱、干燥机械、食品机械、自动化包装机械、五金配件、电子零配件等。

以上事实有原告提交的商标注册证、授权许可协议、商标使用许可合同备案通知书、原告在中国设立的关联公司的批准证书和营业执照、原告广州益力多乳品有限公司等公司的审计报告、销售合同及发票、广告合同及发票、报纸和杂志的广告宣传、原国家工商行政管理总局商标局的异议裁定书与决定书、法院判决书、公证书、律师费和公证费等支出的发票以及双方当事人的法庭陈述等证据予以证实。

法院判决

法院根据双方当事人的诉辩意见，确定该案的争议焦点如下：（1）二原告的起诉是否符合法律规定；（2）原告第147696号“Yakult”与第147693号“益力多”两个注册商标是否属于驰名商标；（3）二被告的行为是否侵犯原告涉案注册商标专用权及构成不正当竞争；（4）二被告应当如何承担侵权责任。

一、二原告的起诉是否符合法律规定

原告株式会社益力多本社在我国申请注册了第147696号“Yakult”与第147693号“益力多”两个商标。该商标在合法有效期内，应当受我国法律保护。2016年5月23日，二原告签订授权协议，原告株式会社益力多本社授权原告广州益力多乳品有限公司普通许可上述两个商标。上述商标许可协议经过国家商标局备案，商标许可期限自2013年2月7日至2021年6月29日。因此，二原告作为涉案注册商标的商标专有权人可以提起诉讼。

2016年3月28日，原告株式会社益力多本社签署授权委托书，委托北京魏启学律师事务所陈某律师和张某律师为该公司与益多卫浴公司、日正公司之间关于侵犯商标权及不正当竞争纠纷一案诉讼一审和二审的诉讼代理人，代理权限为特别授权，包括代为起诉、上诉、应诉、各种费用以及损害赔偿的收取、转委托等。该授权委托书有原告株式会社益力多本社加盖公章并有法定代表人签名，并附有当前全部事项证明书。该授权委托书经过日本东京法务局官员、日本外务省官员和我国驻日本大使馆领事部官员证明。2016年3月28日，原告广州益力多乳品有限公司亦签署授权委托书，委托北京魏启学律师事务所陈某律师和张某律师为该公司与益多卫浴公司、日正公司之间关于侵犯商标权及不正当竞争纠纷一案诉讼一审和二审的诉讼代理人，代理权限为特别授权，包括代为起诉、上诉、应诉、各种费用以及损害赔偿的收取、转委托等。2016年6月13日，二原告委托代理人张某签订转委托书，将其该案所有代理权限转让给北京魏启学律师事务所高某婷律师。因此，北京魏启学律师事务所陈某律师和高某婷律师代理二原告向法院提起该案诉讼符合法律规定。二被告认为二原告没有提起该案诉讼的意思表示以及二原告起诉不符合法律规定的抗辩意见，法院不予采纳。

二、原告第147696号“Yakult”和第147693号“益力多”两个注册商标是否属于驰名商标

（一）该案对原告第147696号“Yakult”和第147693号“益力多”注册商标是否应作出驰名的认定

该案原告请求确认其第147696号“Yakult”和第147693号“益力多”注册商标为驰名商标并判令二被告停止商标侵权及不正当竞争行为。《商标法》第十三条规定：“为相关公众所熟知的商标，持有人认为其权利受到侵害时，可以依照本法规定请求驰名商标保护。……就不相同或者不相类似商品申请注册的商标是复制、摹仿或者翻译他人已经在中国注册的驰名商标，误导公众，致使该驰名商标注册人的利益可能受到损害的，不予注册并禁止使用。”《最高人民法院关于审理涉及驰名商标保护的民事纠纷案件应用法律若干问题

的解释》第九条规定：足以使相关公众认为被诉商标与驰名商标具有相当程度的联系，而减弱驰名商标的显著性、贬损驰名商标的市场声誉，或者不正当利用驰名商标的市场声誉的，属于《商标法》第十三条第二款规定的“误导公众，致使该驰名商标注册人的利益可能受到损害”。另据该司法解释第二条、第三条的规定，当事人以违反《商标法》第十三条的规定为由，提起的侵犯商标权诉讼，或者以企业名称与其驰名商标相同或近似为由，提起的侵犯商标权或者不正当竞争诉讼，人民法院根据案件具体情况，认为确有必要的，对所涉商标是否驰名作出认定；被诉侵犯商标权或者不正当竞争行为因不具备法律规定的其他要件而不成立的，人民法院对于所涉商标是否驰名不予审查。

我国驰名商标的司法认定采取“个案认定，因需认定”的原则。原告株式会社益力多本社在我国申请注册的第 147696 号“Yakult”和第 147693 号“益力多”商标，核定使用商品为第 29 类：乳、乳制品。而被诉侵权产品花洒（喷头）属于浴室常见的装置，属于国际分类第 11 类的产品。被告日正公司亦在国际分类第 11 类坐便器、抽水马桶、浴室装置等核定使用商品上获得第 15386752 号“YaKult 益多”商标注册。可见，原告涉案商标核定使用商品与被诉侵权商品不属于同类商品，且两者在功能、用途、销售渠道、消费对象等方面存在明显差异。因此，两者亦不属于类似商品。该案原告涉案商标核定使用商品与被诉侵权商品类别既不相同也不相类似。依据上述法律规定，该案只有审查原告第 147696 号“Yakult”和第 147693 号“益力多”注册商标是否为驰名商标的事实，才有可能认定被诉侵权产品是否侵犯原告涉案商标专用权。因此，该案需要对原告第 147696 号“Yakult”和第 147693 号“益力多”注册商标是否为驰名商标作出司法认定。

（二）原告第 147696 号“Yakult”和第 147693 号“益力多”注册商标是否属于驰名商标

《商标法》第十四条第一款中规定，认定驰名商标应当考虑下列因素：（1）相关公众对该商标的知晓程度；（2）该商标使用的持续时间；（3）该商标的任何宣传工作的持续时间、程度和地理范围；（4）该商标作为驰名商标受保护的记录；（5）该商标驰名的其他因素。《最高人民法院关于审理涉及驰名商标保护的民事纠纷案件应用法律若干问题的解释》第一条规定，该解释所称驰名商标，是指在中国境内为相关公众广为知晓的商标。第四条规定，人民法院认定商标是否驰名，应当以证明其驰名的事实为依据，综合考虑《商标法》第十四条规定的各项因素，但是根据案件具体情况无需考虑该条规定的全部因素即足以认定商标驰名的情形除外。第五条规定，当事人主张商标驰名的，应当根据案件具体情况，提供下列证据，证明被诉侵犯商标权或者不正当竞争行为发生时，其商标已属驰名：（1）使用该商标的商品的市场份额、销售区域、利税等；（2）该商标的持续使用时间；（3）该商标的宣传或者促销活动的方式、持续时间、程度、资金投入和地域范围；（4）该商标曾被作为驰名商标受保护的记录；（5）该商标享有的市场声誉；（6）证明该商标已属驰名的其他事实。第七条规定，被诉侵犯商标权或者不正当竞争行为发生前，曾被人民法院或者国务院工商行政管理部门认定驰名的商标，被告对该商标驰名的事实不持异议的，人民法院应当予以认定。被告提出异议的，原告仍应对该商标驰名的事实负举证责任。第八条规定，对于在中国境内为社会公众广为知晓的商标，原告已提供其商标驰名的基本证据，或者被告不持异议的，人民法院对该商标驰名的事实予以认定。

在该案中，原告为证明其第 147696 号“Yakult”和第 147693 号“益力多”注册商标驰名提交了大量证据：该涉案商标使用的持续时间，原告使用涉案商标商品的市场份额、销售区域和利税等，该涉案商标的广告、宣传的方式、持续时间、资金投入和地域范围，该商标享有的市场声誉等。原告提交的证据可以证明：原告株式会社益力多本社于 21 世纪初进入中国市场，在多个商品和服务类别上陆续注册了第 147696 号“Yakult”和第 147693 号“益力多”等多个商标；原告株式会社益力多本社在中国先后设立了众多的关联企业，这些关联企业有使用第 147696 号“Yakult”和第 147693 号“益力多”商标销售乳酸菌等乳、乳制品，且销售范围很广；二原告投入大量资金对两个涉案商标进行了时间长、形式多、范围广的广告和宣传；涉案商标在业内享有较高的市场声誉，在中国内地相关公众中已经享有相当高的知名度，为二原告积累了巨大的商业价值。因此，根据上述法律规定以及二原告的举证情况，可以认定原告在第 29 类乳、乳制品上注册使用的第 147696 号“Yakult”和第 147693 号“益力多”注册商标在该案被诉侵权行为发生时在中国境内已为相关公众广为知晓，已经达到了驰名的程度，应当认定为驰名商标。

三、二被告的行为是否侵犯原告涉案注册商标专用权及构成不正当竞争

（一）二被告对涉案标识“YaKult 益多”的使用是否属于商标使用

根据《商标法》第四十八条的规定，商标的使用，是指将商标用于商品、商品包装或者容器以及商品交易文书上，或者将商标用于广告宣传、展览以及其他商业活动中，用于识别商品来源的行为。在该案中，原告指控二被告生产、销售的花洒等卫浴装置产品上使用的标识“YaKult”和“益多”与其第 147696 号“Yakult”和第 147693 号“益力多”注册商标的图形相同、相似。二被告在其产品上使用上述被诉标识，能够产生识别商品来源的作用；且被告日正公司亦申请注册第 15386752 号“YaKult 益多”商标。因此，二被告在其产品上相关标识的使用属于商标使用。

（二）二被告使用的涉案标识是否与原告涉案商标相同或相似

根据《最高人民法院关于审理商标民事纠纷案件适用法律若干问题的解释》第九条的规定，商标近似是指被控侵权的商标与原告的注册商标相比较，其文字的字形、读音、含义或者图形的构图及颜色，或者其各要素组合后的整体结构相似，或者其立体形状、颜色组合近似，易使相关公众对商品的来源产生误认或者认为其来源与原告注册商标的商品有特定的联系。经原告公证取证，二被告在其产品及产品包装、网站网页或产品宣传资料以及公司内部装潢、员工名片等处使用“YaKult”或“YaKult 益多”标识。将原告第 147696 号“Yakult”与第 147693 号“益力多”两个注册商标与被诉侵权商品上使用的“YaKult”或“YaKult 益多”标识进行比对：（1）被诉侵权标识“YaKult”与原告“Yakult”标识中的字母组合完全相同，仅被诉侵权标识中第三个字母“K”为大写，原告“Yakult”商标第三个字母“k”为小写。

(2) 被诉侵权商标“益多”比原告“益力多”商标少一个“力”字，两者其他汉字相同，且字体相近。当二被告将“YaKult”或“YaKult 益多”作为标识使用时，易使相关公众对其商品的来源产生误认或者认为其来源与原告“Yakult”和“益力多”注册商标的商品有特定的联系，导致相关公众混淆。因此，应认定两者是相似商标。

（三）二被告使用涉案标识的行为是否侵犯原告涉案商标专用权

经原告公证取证，二被告在产品包装、网站网页或产品宣传资料以及公司内部装潢、员工名片等处使用“YaKult”或“YaKult 益多”标识；原告在二被告各自经营的网店上均公证购得被诉侵权产品，且二被告在庭审中亦确认该公证购买的被诉侵权产品由其销售。因此，二被告销售了被诉侵权产品。二被告经营的网店上注明该公司的经营地址和电话等信息，且被告日正公司的网店有该公司“是集专业研发、制造、销售于一体的高新技术企业”“工厂直销、工厂批发、厂家批发”等公司简介和宣传信息，被告益多卫浴公司的网店上有“多年卫浴制造与外销的经验基础”的公司简介以及“益多卫浴工厂店”等宣传信息，且二被告的经营范围均有研发、产销卫浴洁具等商品。因此，根据上述事实可以认定二被告制造了被诉侵权产品。

尽管被告日正公司在第 11 类申请注册了第 15386752 号“YaKult 益多”商标，但该注册商标与原告第 147696 号“Yakult”和第 147693 号“益力多”注册商标相似，且原告第 147696 号“Yakult”与第 147693 号“益力多”属于驰名商标。依据《最高人民法院关于审理涉及驰名商标保护的民事纠纷案件应用法律若干问题的解释》第九条的规定，足以使相关公众认为被诉商标与驰名商标具有相当程度的联系，而减弱驰名商标的显著性、贬损驰名商标的市场声誉，或者不正当利用驰名商标的市场声誉的，属于《商标法》第十三条第二款规定的“误导公众，致使该驰名商标注册人的利益可能受到损害”。在二被告对原告涉案商标的知名度具有充分认知的情况下，仍然在产品包装与广告宣传等处使用与原告驰名商标相似的标识，其不正当借助原告驰名商标的良好市场声誉和知名度的主观故意十分明显。客观上二被告的行为足以误导公众，使其误认为二被告生产、销售的产品以及第 15386752 号“YaKult

益多”被诉商标与原告第 147696 号“Yakult”和第 147693 号“益力多”驰名商标具有相当程度的联系。这一误导行为势必减弱原告驰名商标的显著性，贬损原告涉案驰名商标的声誉，淡化其驰名商标的驰名程度，给原告的利益造成实质性损害。因此，被告使用“YaKult”标识或第 15386752 号“YaKult 益多”商标的行为侵犯了原告第 147696 号“Yakult”和第 147693 号“益力多”的注册商标专用权。

（四）被告益多卫浴公司注册的域名是否侵犯原告涉案商标专用权

被告益多卫浴公司注册的域名“eyakult. cn”和“eyakult. com”与原告第 147696 号“Yakult”商标相比，多了一个首字母“e”，其他字母完全相同，两者构成相似；且被告通过该域名进行相关商品交易，足以让相关公众产生误认。因此，被告益多卫浴公司注册以及其与被告日正公司使用的域名“eyakult. cn”和“eyakult. com”侵犯原告第 147696 号“Yakult”注册商标专用权。

（五）二被告的行为是否构成不正当竞争

原告主张二被告在公司经营和对外宣传中使用“Guangdong Yakult Sanitary Technology Co. , LTD”英文企业名称，且将“Yakult”作为英文商号进行突出使用的行为侵犯其商号权，构成不正当竞争。如上所述，二被告使用“YaKult”和“YaKult 益多”标识的行为侵犯原告第 147696 号“Yakult”与第 147693 号“益力多”注册商标专用权。因此，二被告使用含有“Yakult”字样的英文企业名称亦侵犯原告涉案驰名商标的专用权，原告再主张二被告的上述行为侵犯其商号权，构成不正当竞争，法院不予支持。同理，原告认为二被告使用“YaKult 益多”标识的行为亦侵犯其商号权，并构成不正当竞争的主张，亦不予支持。

（六）二被告的行为是否构成共同侵权

根据该案事实，二被告的行为构成共同侵权。

第一，二被告的经营存在混同。

（1）经原告提交的公证书证实，被告日正公司网站上介绍的联系人为该公司总经理谢某艺与副总经理周某，而该副总经理周某同时为被告益多卫浴公司的总经理。(2) 原告在被告日正公司的经营现场公证取证时，该公司入门口同时张贴有二被告的企业名称招牌；且该经营现场的接待人周某自称是被告日正公司与益多卫浴公司的总经理，其名片上亦显示其同时是被告日正公司与益多卫浴公司的总经理。(3) 二被告在各自网站或网店上展示的产品均注明有“YaKult”等标识，且原告在二被告网店分别公证购买的产品及其外包装均相同。(4) 二被告在公司经营中均使用被告益多卫浴公司注册的域名“eyakult. cn”或“eyakult. com”。

第二，二被告的股东存在混同。

(1) 如上所述，二被告在经营过程中，周某同时显示为二被告的总经理。(2) 二被告的企业信用信息公示系统显示：周某既是被告日正公司的股东，同时也是被告益多卫浴公司的股东。

第三，二被告的经营地点相邻。

在经营地点变更前，二被告经营场所分别为东莞市南城区莞太路与车站路交会处奥博高新科技园一期之 C 栋第四层 406 室和 405 室；在二被告经营地点发生变更后，被告日正公司的工商登记住所为广东省东莞市万江街道蚬涌社区莞穗路蚬三路 41 号日正大厦五楼 B 区，被告益多卫浴公司的工商登记住所为广东省东莞市万江街道蚬涌社区莞穗路蚬三路 41 号日正大厦五楼 510 室。

第四，二被告的经营范围相近。

二被告的经营范围均有研发、产销卫浴洁具等商品。因此，原告认为二被告的行为构成共同侵权的主张成立，法院予以支持，二被告应当承担连带责任。

四、二被告应当如何承担侵权责任

根据《侵权责任法》第二条，第三条，第十五条第一款第（一）项、第（六）项及第二款的规定，被告的行为侵犯了原告的注册商标专用权，应当承担停止侵权、赔偿损失的民事责任。二被告作为被诉侵权产品的生产、销售企业，从一般常理可知，其理应有库存被诉侵权产品。因此，原告请求判令二被告停止侵犯其第147696号“Yakult”和第147693号“益力多”商标的行为，即二被告应当立即停止生产、销售标有“YaKult益多”标识的产品，并销毁库存的标有“YaKult益多”标识的产品、包装及相关宣传资料，拆除或修改标有“YaKult益多”的宣传图片和装潢以及停止将“Yakult”作为英文商号使用的行为，法院予以支持。

《最高人民法院关于审理涉及计算机网络域名民事纠纷案件适用法律若干问题的解释》第八条规定：“人民法院认定域名注册、使用等行为构成侵权或者不正当竞争的，可以判令被告停止侵权、注销域名，或者依原告的请求判令由原告注册使用该域名；给权利人造成实际损害的，可以判令被告赔偿损失。”该案中，被告益多卫浴公司注册以及其与被告日正公司使用的域名“eyakult. cn”和“eyakult. com”侵犯原告第147696号“Yakult”商标专用权。依据上述司法解释的规定，被告益多卫浴公司应当注销上述两个域名。

关于二被告应赔偿原告的经济损失。《商标法》[1] 第六十三条第一款、第三款规定，侵犯商标专用权的赔偿数额，按照权利人因被侵权所受到的实际损失确定；实际损失难以确定的，可以按照侵权人因侵权所获得的利益确定；权利人的损失或者侵权人获得的利益难以确定的，参照该商标许可使用费的倍数合理确定。对恶意侵犯商标专用权，情节严重的，可以在按照上述方法确定数额的1倍以上3倍以下确定赔偿数额。赔偿数额应当包括权利人为制止侵权行为所支付的合理开支。权利人因被侵权所受到的实际损失、侵权人因侵权所获得的利益、注册商标许可使用费难以确定的，由人民法院根据侵权行为的情节判决给予300万元以下的赔偿。该案原告未提交其因被侵权受到实际损失与二被告因侵权所获利益的证据，对涉案注册商标许可使用费亦未举证，而是在法定赔偿范围内请求二被告赔偿其经济损失100万元。因此，法院综合该案具体案情对原告的经济损失酌情予以确定。（1）二原告涉案两个注册商标在我国使用时间较长，具有较强的显著性，在我国具有较高的知名度。（2）二被告的经营规模大，具有大量生产、销售被诉侵权产品以及使

[1] 该案一审时适用的是我国2013年修正后的《商标法》。

用被诉侵权标识的行为，且侵权持续时间较长。(3) 原告株式会社益力多本社于2001年在广州合资成立了原告广州益力多乳品有限公司，并对涉案商标进行使用和广告宣传。二被告作为广东省东莞市设立的企业，应当清楚原告广州益力多乳品有限公司及其商标，但仍然申请注册并使用相关的侵权标识。因此，综合考虑该案二被告侵权行为的性质、侵权主观过错、侵权情节、侵权后果、原告注册商标为驰名商标及原告具有较高知名度等因素，原告在法定赔偿数额内请求二被告赔偿其经济损失100万元，法院予以支持。

关于二被告应赔偿原告为制止侵权行为支付的合理开支。原告主张其为制止侵权行为已经支付的费用与还将要发生的律师费等费用以及未提交票据证实但实际已发生的费用超过20万元，并提交了相应的律师费、公证费、翻译费和购买被诉侵权产品费用共计183162.18元的发票。法院认为，原告为证明其为制止侵权行为已经支付的合理开支183162.18元有相应的发票证实；且诉讼仍在进行，原告必然还会发生律师费等费用；原告在日本对授权委托的主体资格资料进行公证认证的手续应当会发生相应费用。因此，原告请求二被告赔偿其为制止侵权行为支出的合理开支20万元，合法合理，法院予以支持。

综上所述，法院依照《侵权责任法》第二条、第三条、第十五条第一款第（一）（六）项及第二款，《商标法》第十三条、第十四条、第六十三条第一款及第三款、第四十八条，《最高人民法院关于审理商标民事纠纷案件适用法律若干问题的解释》第一条第一款第（二）项，《最高人民法院关于审理涉及驰名商标保护的民事纠纷案件应用法律若干问题的解释》第一条、第二条、第四条、第八条、第九条的规定，判决如下：

“一、被告广东日正实业有限公司、广东益多卫浴科技有限公司于本判决发生法律效力之日起立即停止生产、销售侵犯原告株式会社益力多本社、广州益力多乳品有限公司的第147696号‘Yakult’、第147693号‘益力多’注册商标专用权的产品，并销毁所有库存的标有‘YaKult益多’标识的产品、包装及宣传资料，拆除或修改公司内标有‘YaKult’和‘益多’的宣传图片和装潢，删除网站上使用‘YaKult’和‘益多’的宣传信息。

“二、被告广东日正实业有限公司、广东益多卫浴科技有限公司于本判决发生法律效力之日起立即停止将‘Yakult’作为英文商号使用。

“三、被告广东日正实业有限公司、广东益多卫浴科技有限公司于本判决发生法律效力之日起立即停止使用‘eyakult. cn’和‘eyakult. com’的域名；且被告广东益多卫浴科技有限公司于本判决发生法律效力之日起十日内注销‘eyakult. cn’和‘eyakult. com’的域名。

“四、被告广东日正实业有限公司、广东益多卫浴科技有限公司于本判决发生法律效力之日起十日内赔偿原告株式会社益力多本社、广州益力多乳品有限公司经济损失100万元以及为制止侵权行为支出的合理开支20万元。

“五、驳回原告株式会社益力多本社、广州益力多乳品有限公司其他诉讼请求。

“案件受理费15600元，由被告广东日正实业有限公司、广东益多卫浴科技有限公司共同负担（被告广东日正实业有限公司、广东益多卫浴科技有限公司需负担的诉讼费用，原告株式会社益力多本社、广州益力多乳品有限公司已预交本院；原告株式会社益力多本社、广州益力多乳品有限公司同意该费用不退回，由被告广东日正实业有限公司、广东益多卫浴科技有限公司迳付原告株式会社益力多本社、广州益力多乳品有限公司）。”

一审宣判后，二被告不服一审判决向广东省高级人民法院提起上诉，后又撤回上诉。

案例解析

该案是一个涉及驰名商标认定的商标权侵权和不正当竞争纠纷案件。法院判决对驰名商标的认定以及驰名商标的跨类保护问题进行了全面论述，非常具有代表性和典型性。

一、驰名商标认定的原则和标准

（一）驰名商标认定的原则

根据《商标法》及相关司法解释的规定，驰名商标的司法认定采取“个案认定，因需认定”的原则。具体而言，表现在以下两个方面。

1. 必要性认定原则

《最高人民法院关于审理涉及驰名商标保护的民事纠纷案件应用法律若干问题的解释》第二条规定：“在下列民事纠纷案件中，当事人以商标驰名作为事实根据，人民法院根据案件具体情况，认为确有必要的，对所涉商标是否驰名作出认定：（一）以违反商标法第十三条的规定为由，提起的侵犯商标权诉讼；（二）以企业名称与其驰名商标相同或者近似为由，提起的侵犯商标权或者不正当竞争诉讼；（三）符合本解释第六条规定的抗辩或者反诉的诉讼。”该解释第三条规定：“在下列民事纠纷案件中，人民法院对于所涉商标是否驰名不予审查：（一）被诉侵犯商标权或者不正当竞争行为的成立不以商标驰名为事实根据的；（二）被诉侵犯商标权或者不正当竞争行为因不具备法律规定的其他要件而不成立的。原告以被告注册、使用的域名与其注册商标相同或者近似，并通过该域名进行相关商品交易的电子商务，足以造成相关公众误认为由，提起的侵权诉讼，按照前款第（一）项的规定处理。”根据上述规定可知，我国对驰名商标的司法认定遵循必要性原则，即只有在当事人的诉讼请求和抗辩以讼争的商标构成驰名商标为前提条件的情况下，法院才会对讼争商标是否驰名进行审查并作出相应的判断。反之，法院则不会对讼争商标是否驰名进行审查，更不会对其是否属于驰名商标作出认定。

2. 个案认定原则

《商标法》第十四条第一款规定：“驰名商标应当根据当事人的请求，作为处理涉及商标案件需要认定的事实进行认定。”《最高人民法院关于审理涉及驰名商标保护的民事纠纷案件应用法律若干问题的解释》第十三条规定：“在涉及驰名商标保护的民事纠纷案件中，人民法院对于商标驰名的认定，仅作为案件事实和判决理由，不写入判决主文；以调解方式审结的，在调解书中对商标驰名的事实不予认定。”根据上述规定可知，法院对驰名商标采取个案认定的原则，具体而言，可从以下两个方面理解：

一方面，关于涉案商标是否属于驰名商标的认定，仅为一种事实认定，法院只能在查明的案件事实或者论述的裁判理由中对此事实予以认定，而不能将该事实写入判决主文。就民事诉讼法而言，特定的事实可以作为确认之诉的诉讼标的，故当事人可以就特定的事实提起确认之诉，法院也可依法在判决主文中确认相应的特定事实。显然，根据上述法律和司法解释的规定，驰名商标的认定并不构成确认之诉的诉讼标的，法院不能将其作为诉讼标的作出判定，当事人自然也不能以其为诉讼标的提起确认之诉。

另一方面，生效的民事裁判具有既判力，但除了诉讼上的抵销之外，既判力仅仅及于判决主文，而不及于法院查明的案件事实和所论述的判决理由。既然法院关于涉案商标是否驰名的判断不写入判决主文，则意味着法院的该认定不具有既判力，该认定也就仅有个案意义，而无法对当事人和法院产生普遍的拘束力。因此，当事人自然可以就商标是否驰名问题在另案中提出相反的主张，法院也可以在另案中作出与前诉相反的认定。

（二）驰名商标认定的标准

根据《商标法》第十四条以及《最高人民法院关于审理涉及驰名商标保护的民事纠纷案件应用法律若干问题的解释》的相关规定，法院认定驰名商标的标准如下：

1. 判断的时点

根据《最高人民法院关于审理涉及驰名商标保护的民事纠纷案件应用法律若干问题的解释》第五条的规定，判断涉案商标是否驰名的时点应为被诉侵权行为发生之时。换言之，被诉侵权行为发生前涉案商标虽然驰名，但侵权行为发生时已经不驰名的，法院不能认定其为驰名商标；反之，侵权行为发生时涉案商标尚不驰名，而后该商标驰名的，法院亦不能认定其驰名。当然，侵权行为持续的除外。

2. 应当考量的因素

根据《商标法》和《最高人民法院关于审理涉及驰名商标保护的民事纠纷案件应用法律若干问题的解释》的规定，法院在认定商标是否驰名时应当综合考虑以下因素进行判断：（1）相关公众对该商标的知晓程度，具体可表现为使用该商标的商品的市场份额、销售区域、利税等；（2）该商标使用的持续时间；（3）该商标的任何宣传工作的持续时间、程度和地理范围；（4）

该商标作为驰名商标受保护的记录；（5）该商标驰名的其他因素。

需要注意的是，根据《最高人民法院关于审理涉及驰名商标保护的民事纠纷案件应用法律若干问题的解释》第四条的规定，法院认定商标是否驰名，虽然通常要综合考虑《商标法》第十四条规定的各项因素；但是，如果根据案件具体情况无须考虑该条规定的全部因素即足以认定商标驰名的，法院亦可根据已查明的事实直接认定涉案商标驰名，而不用考量上述全部因素。

3. 举证责任的承担

根据《民事诉讼法》、相关司法解释的具体规定以及举证责任分配的基本原理，主张涉案商标驰名的一方当事人应当对该事实承担举证责任。对此，《最高人民法院关于审理涉及驰名商标保护的民事纠纷案件应用法律若干问题的解释》第七条规定："被诉侵犯商标权或者不正当竞争行为发生前，曾被人民法院或者国务院工商行政管理部门认定驰名的商标，被告对该商标驰名的事实不持异议的，人民法院应当予以认定。被告提出异议的，原告仍应对该商标驰名的事实负举证责任……" 在理解该规定时应当注意的是，在司法实践中，并非只有原告会提出其商标属于驰名商标的主张。在原告起诉被告商标侵权的诉讼中，有些时候被告亦可能以其商标属于驰名商标为由提出不侵权的抗辩甚至提起反诉。显然，在被告以其商标属于驰名商标为由提出不侵权抗辩时，对该商标是否驰名的举证责任，应当由被告而非原告承担。

二、驰名商标的保护规则

（一）驰名商标的跨类保护

《商标法》第五十七条规定："有下列行为之一的，均属侵犯注册商标专用权：（一）未经商标注册人的许可，在同一种商品上使用与其注册商标相同的商标的；（二）未经商标注册人的许可，在同一种商品上使用与其注册商标近似的商标，或者在类似商品上使用与其注册商标相同或者近似的商标，容易导致混淆的；（三）销售侵犯注册商标专用权的商品的；（四）伪造、擅自制造他人注册商标标识或者销售伪造、擅自制造的注册商标标识的；（五）未经商标注册人同意，更换其注册商标并将该更换商标的商品又投入市场的；

（六）故意为侵犯他人商标专用权行为提供便利条件，帮助他人实施侵犯商标专用权行为的；（七）给他人的注册商标专用权造成其他损害的。”据此，商标侵权的构成要件之一在于，在相同的商品或者类似的商品上使用被诉侵权商标。如果被诉侵权商标被用于不相同且不类似的商品上，则不构成商标侵权。

与一般注册商标不同，驰名商标的保护范围更大。《商标法》第十三条规定：“为相关公众所熟知的商标，持有人认为其权利受到侵害时，可以依照本法规定请求驰名商标保护……就不相同或者不相类似商品申请注册的商标是复制、摹仿或者翻译他人已经在中国注册的驰名商标，误导公众，致使该驰名商标注册人的利益可能受到损害的，不予注册并禁止使用。”《最高人民法院关于审理涉及驰名商标保护的民事纠纷案件应用法律若干问题的解释》第九条规定：足以使相关公众认为被诉商标与驰名商标具有相当程度的联系，而减弱驰名商标的显著性、贬损驰名商标的市场声誉，或者不正当利用驰名商标的市场声誉的，属于《商标法》第十三条第二款规定的“误导公众，致使该驰名商标注册人的利益可能受到损害”。根据上述规定可知，在我国注册的驰名商标可获得“跨类保护”。

（二）驰名商标可对抗在后注册商标、企业名称及域名

《最高人民法院关于审理注册商标、企业名称与在先权利冲突的民事纠纷案件若干问题的规定》第一条曾规定：“原告以他人注册商标使用的文字、图形等侵犯其著作权、外观设计专利权、企业名称权等在先权利为由提起诉讼，符合民事诉讼法第一百零八条[1]规定的，人民法院应当受理。原告以他人使用在核定商品上的注册商标与其在先的注册商标相同或者近似为由提起诉讼的，人民法院应当根据民事诉讼法第一百一十一条[2]第（三）项的规定，告知原告向有关行政主管机关申请解决。但原告以他人超出核定商品的范围或者以改变显著特征、拆分、组合等方式使用的注册商标，与其注册商标相同或者

[1] 该条已经被调整为《民事诉讼法》第一百一十九条。

[2] 该条已经被调整为《民事诉讼法》第一百二十四条。

近似为由提起诉讼的，人民法院应当受理。”据此，在民事诉讼中，如果驰名商标的权利人主张被告侵权，而被告以其依法享有相应注册商标权进行抗辩时，法院原则上对原告的起诉不予受理，而应当告知原告通过相应的行政程序进行救济。换言之，根据上述规定，驰名商标并不具有对抗在后注册商标的效力。

但需要注意的是，《最高人民法院关于审理涉及驰名商标保护的民事纠纷案件应用法律若干问题的解释》已经对上述规定作出了一定的修改。该解释第十条规定：“原告请求禁止被告在不相类似商品上使用与原告驰名的注册商标相同或者近似的商标或者企业名称的，人民法院应当根据案件具体情况，综合考虑以下因素后作出裁判：（一）该驰名商标的显著程度；（二）该驰名商标在使用被诉商标或者企业名称的商品的相关公众中的知晓程度；（三）使用驰名商标的商品与使用被诉商标或者企业名称的商品之间的关联程度；（四）其他相关因素。”该解释第十一条规定：“被告使用的注册商标违反商标法第十三条的规定，复制、摹仿或者翻译原告驰名商标，构成侵犯商标权的，人民法院应当根据原告的请求，依法判决禁止被告使用该商标，但被告的注册商标有下列情形之一的，人民法院对原告的请求不予支持：（一）已经超过商标法第四十一条第二款规定的请求撤销期限的；（二）被告提出注册申请时，原告的商标并不驰名的。”根据上述规定，驰名商标具有以下的对抗效力：一是除明确列举的两种情形之外，驰名商标具有对抗在后注册商标权的效力。二是驰名商标具有对抗在后企业名称的效力。

此外，《最高人民法院关于审理涉及计算机网络域名民事纠纷案件适用法律若干问题的解释》第四条规定：“人民法院审理域名纠纷案件，对符合以下各项条件的，应当认定被告注册、使用域名等行为构成侵权或者不正当竞争：（一）原告请求保护的民事权益合法有效；（二）被告域名或其主要部分构成对原告驰名商标的复制、模仿、翻译或音译；或者与原告的注册商标、域名等相同或近似，足以造成相关公众的误认；（三）被告对该域名或其主要部分不享有权益，也无注册、使用该域名的正当理由；（四）被告对该域名的注册、使用具有恶意。”据此，驰名商标具有对抗在后使用的域名的效力。

6　侵害商标权损害赔偿数额的计算

——森科产品有限公司（香港地区）诉许某斌侵害商标权纠纷案

裁判要旨

商标民事纠纷案件中，侵权所获得的利益可以根据侵权商品销售量与该商品单位利润乘积计算。

商标民事纠纷案件中，侵权所获得的利益的计算，可类推适用《最高人民法院关于审理侵犯专利权纠纷案件应用法律若干问题的解释》第十六条规定。侵权人因侵权所获得的利益，应当限于侵权人因侵犯商标权行为所获得的利益，因其他权利所产生的利益应当合理扣除。

入选理由

该案系涉港侵害商标权纠纷，商标权人是香港一家公司，被诉侵权人住所地在广州市，参照《中华人民共和国涉外民事关系法律适用法》（以下简称《涉外民事关系法律适用法》）第五十条之规定，该案知识产权的被请求保护地在我国内地，故应适用我国内地法律处理相关纠纷，因此其中关键的侵权赔偿问题应结合我国关于知识产权侵权赔偿的法律和司法政策进行处理。

知识产权侵权赔偿要促进形成符合市场规律和满足权利保护要求的损害赔偿计算机制，使损害赔偿数额与知识产权的市场价值相契合。该案的审理体现了以下审判思路。首先，根据《最高人民法院关于审理商标民事纠纷案件适用法律若干问题的解释》第十四条“侵权所获得的利益可以根据侵权商品销售量与该商品单位利润乘积计算”之规定，法院根据香港的商标权人申请，通过支付宝（中国）网络技术有限公司查明涉案网店中交易成功的涉案商品个数、销售总金额以及侵权人自己承认进货单价，计算出侵权获利约为29.5万元；其次，参照《最高人民法院关于审理侵犯专利权纠纷案件应用法律若干问题的解释》第十六条的规定，因著作权等其他权利所产生的利益应当合理扣除，该案应按照涉案商标权在侵权获利中的贡献率确定侵权赔偿数额；最后，考虑侵权人在收到权利人律师函和法院送达的起诉状副本等材料后，在淘宝“双十一”促销时段继续销售被诉侵权商品，进一步扩大了侵权的规模，侵权主观恶意明显。综上所述，广州知识产权法院二审改判全额支持权利人的诉讼请求。

案例索引

一审案号：广东省广州市海珠区人民法院（2017）粤0105民初9318号

二审案号：广州知识产权法院（2018）粤73民终1905号

基本案情

上诉人（一审原告）：森科产品有限公司（香港地区）（以下简称“森科公司”）

上诉人（一审被告）：许某斌

一审诉请

森科公司向一审法院起诉请求：（1）判令许某斌立即停止销售侵犯森科公司第8814488号注册商标专用权的商品；（2）判令许某斌赔偿森科公司经济损失及为制止侵权行为所支付的合理费用20万元；（3）判令许某斌承担该

案诉讼费用。

案件事实

一审法院经审理查明：原国家工商行政管理总局商标局（以下简称“国家商标局”）于2011年11月21日向森科公司核发了第8814488号“”商标，该商标核定使用商品类别为第25类“服装；围裙；睡衣；帽子；鞋；上衣；T恤衫；睡袍：童装；浴室拖鞋”，注册有效期限自2011年11月21日至2021年11月20日。

森科公司为证明其商品享有很高的知名度和美誉度，向一审法院提交了由“香港中华厂商联合会”及“香港品牌发展局”颁发的《香港名牌选举证》2份，该2份证据未办理公证认证手续，分别载明以下内容：兹证明森科产品有限公司之“B. DUCK”荣获2014年香港名牌，特予证书以资表彰；兹证明森科产品有限公司之“B. DUCK”荣获2016年香港卓越名牌，特予证书以资表彰。许某斌对于上述证据的“三性”不予认可。

另查，天猫（Tmall. com）有“BDUCK服饰旗舰店”网店，该网店首页有“B.Duck BDUCK服饰香港原创设计潮牌”字样，该网店推介的商品（宝贝）照片页面的左上角处有“B.Duck”或“B.Duck”标识。森科公司说明上述“BDUCK服饰旗舰店”是其公司在天猫的官方网店。

2017年7月20日，森科公司的委托代理人朱某婷向广州市海珠区公证处申请对其通过互联网登录相关网页浏览相关页面进行相关操作的行为进行证据保全公证。同日，在公证员和公证处工作人员面前，朱某婷利用该公证处计算机进行如下操作，并对操作过程弹出的页面进行截图并将其粘贴到一新建文档中，该新建文档分别显示内容如下：（1）淘宝网“店铺：cocopapa”内有“小黄鸭”服饰的展示页（包括价格、商品名称、销售量等信息）；（2）淘宝网“店铺：cocopapa”内有“2017夏新款oioi可爱小黄鸭中长款连衣裙短袖T恤学生女”服饰的宝贝详情（包括宝贝的设计解读、面料解析、正面大特写等信息）；（3）朱某婷在淘宝网“店铺：cocopapa”上网络购买“2017

夏新款 oioi 可爱小黄鸭中长款连衣裙短袖 T 恤学生女”服饰的过程［包括登录账户、确认订单信息（订单号：38360869459335572）、提交订单、支付宝付款、物流等信息］。2017 年 8 月 2 日，广州市海珠区公证处出具（2017）粤广海珠第 26930 号、第 26912 号、第 26890 号公证书，证明朱某婷的以上证据保全过程属实，与公证书相粘的打印资料为朱某婷在上述操作过程中实时截屏并打印所得，与计算机屏幕显示内容相符。

森科公司的委托代理人朱某婷向广州市海珠区公证处申请对其通过互联网向有关商家订购有关货物，该商家使用快递送货方式将订购的货物送达到指定地点，其收到有关快递包裹的客观情况进行证据保全公证。2017 年 7 月 21 日，在公证员和公证处工作人员的监督下，朱某婷在该公证处收到快递人员派送的包裹一个（上述包裹快递编号为 885801860330771965），朱某婷随即拆开上述包裹，包裹内有“2017 夏新款 oioi 可爱小黄鸭中长款连衣裙短袖 T 恤学生女”服饰一件（衣服底色为黑色），公证处工作人员对现场情况进行了拍照。之后，公证处工作人员使用公证处封条密封上述物品并将封存物品交由朱某婷收执。2017 年 8 月 8 日，广州市海珠区公证处出具（2017）粤广海珠第 27615 号公证书，证明本公证书所附照片为公证处工作人员拍照所得，与上述所得包裹及内包物品实际情况相符。

森科公司的委托代理人朱某婷向广州市海珠区公证处申请对其通过互联网浏览相关网页页面并进行相关操作的行为进行证据保全公证。2017 年 8 月 3 日，在公证员和公证处工作人员的面前，朱某婷利用该公证处计算机进行如下操作，并对操作过程弹出的页面进行截图并将其粘贴到一新建文档中，该新建文档分别显示内容如下：（1）朱某婷于 2017 年 7 月 20 日已买到的宝贝（“店铺：cocopapa”拍下、订单号、运单号码为 885801860330771965、“2017 夏新款 oioi 可爱小黄鸭中长款连衣裙短袖 T 恤学生女”服饰）的物流信息之物流跟踪详情；（2）发货地址略。2017 年 8 月 16 日，广州市海珠区公证处出具（2017）粤广海珠第 28631 号公证书，证明朱某婷的以上证据保全过程属实，与本公证书相粘的打印资料为朱某婷在上述操作过程中实时截屏并打印所得，与计算机屏幕显示内容相符。

一审法院于2017年12月11日开庭审理该案。庭审中，森科公司当庭出示了（2017）粤广海珠第27615号公证书所指“收货物品”公证封存物（被控侵权商品），封存实物情况如下：（1）已拆开快递黑色外包装袋1个，包装袋面上贴有“圆通速递”、收件人信息，以及寄件人信息（cocopapa 138××××4787）；（2）透明包装袋1个，内有长款连衣裙短袖T恤（衣服底色为黑色）1件，具体包括：①短袖T恤上附纸吊牌1个，纸吊牌上标有“B. DUCK”字样和“B.Duck”图案；②衣领的标签标有“B. DUCK”字样和“B.Duck”图案；③衣服正面标有“B.Duck”图案和“BDUCK”字样（两者位于衣服的正前上方，突出使用）；④左边衣袖边上订上标有“B.Duck”图案的小布贴。许某斌确认被控侵权商品是其淘宝店铺（店铺名称cocopapa）上销售的商品。庭审中，登录淘宝网站许某斌经营的“cocopapa”店铺，在该店铺搜索关键词“小黄鸭”，搜索到的产品上均使森科公司第8814488号“”注册商标。

森科公司为证明许某斌不断上架销售侵犯森科公司商标权的新款产品，主观侵权恶意明显，向一审法院提交了网络打印件1页（打印时间为2017年12月5日，该案庭审过程中森科公司登录互联网展示网页内容与网页打印件内容基本相符），该网页内容反映：店内搜索页——cocopapa淘宝网、店铺——cocopapa、关键词——“小黄鸭”、所有宝贝，共搜到50个符合条件的商品；“小黄鸭服饰”展示页（包括价格、商品名称、销售量等信息）；等等。

森科公司的委托代理人郭某琳于2017年8月8日以广东天穗律师事务所名义通过EMS邮政特快专递方式向被告发出律师函，陈述事实，主张权利，提出警告等；收件地址为（2017）粤广海珠第28631号公证书上所示的发货地址；物流查询显示，该邮件于2017年8月9日由“他人签收e栈”。

森科公司主张为制止许某斌侵权行为所支出的合理费用向一审法院提交了4张广东省增值税普通发票，金额合计2530元，森科公司表示上述公证费同时是森科公司诉许某斌著作权侵权纠纷一案［案号为（2017）粤0105民初

9317 号］的维权费用支出。

一审法院在审理过程中，根据森科公司的申请向浙江淘宝网络有限公司、支付宝（中国）网络技术有限公司调取了淘宝掌柜名为“2016 年 3 月 30 日”的卖家信息及交易记录，该两组证据反映：（1）淘宝店铺——“cocopapa”（会员名：2016 年 3 月 30 日），真实姓名为许某斌，绑定手机号码 138××××4787 等；（2）2017 年 4 月 8 日至 2017 年 11 月 11 日期间，淘宝店铺——“cocopapa”关键词包含“小黄鸭”的商品订单数为 4991 个，销售额合计 519766.81 元等。

在一审法院查明事实的基础上，广州知识产权法院另查明：森科公司还就其与许某斌著作权权属、侵权纠纷一案向一审法院提起诉讼，案号为（2017）粤 0105 民初 9317 号，森科公司确认其在该案中提交的 5 份公证费发票系该案与本案共同产生，经核查公证费合计 3190 元。该案一审判决许某斌立即停止侵犯森科公司 B. DUCK 设计作品著作权的行为，并限期赔偿森科公司经济损失及合理费用共计 3 万元。判后，双方均对赔偿金额有异议，分别提起上诉，二审法院经审理作出（2018）粤 73 民终 1905 号民事判决书，判决驳回森科公司、许某斌的上诉，维持原判。

一审法院向支付宝（中国）网络技术有限公司调取的许某斌开设的涉案淘宝店铺“cocopapa”中 2017 年 4 月 8 日至 2017 年 11 月 11 日期间关键词包含“小黄鸭”、交易状态为“交易成功结束”的商品订单数为 4991 个，销售额合计 519766.81 元，并据此计算该店铺中包含“小黄鸭”字样的商品均价约 104 元（519766.81 元÷4991 个）。在一审庭审时，一审法院向许某斌询问森科公司在涉案网络店铺内通过关键词“小黄鸭”搜索的商品是否存在没有使用涉案商标的商品，许某斌称暂时无法找到；一审法院另告知许某斌如果认为在涉案网络店铺内通过关键词“小黄鸭”搜索的商品存在没有使用涉案商标的商品，应提交具体的反驳证据。

该案二审庭审中，许某斌陈述被诉侵权产品系其从广州市十三行服装批发市场购得，成本价格为 35－45 元。并且，双方当事人确认在 2017 年 12 月 11 日一审开庭后，许某斌才将被诉侵权产品从涉案网店中下架；二审双方当事人均无新证据提交。

一审判决

一审法院认为，该案系一起涉港侵害商标权纠纷。该案许某斌住所地在广州市海珠区，属一审法院管辖范围，一审法院是对涉港民商事纠纷和知识产权民事纠纷案件有管辖权的法院，有权对该案行使管辖权。根据《涉外民事关系法律适用法》第五十条规定，该案知识产权的被请求保护地在我国内地，故应适用我国内地法律处理该案纠纷。

森科公司是第8814488号“”注册商标专用权人，其注册商标专用权应当受到法律保护，他人未经商标权人的许可，不得在同一种商品或类似商品上使用与其注册商标相同或相似的商标，亦不得销售侵犯注册商标专用权的商品。被控服装与上述商标核定使用的服装商品属于同一种商品。

许某斌销售的被控侵权商品上的衣袖、衣领、吊牌处均使用“”图案，该图案与森科公司第8814488号“”注册商标的图案基本相同。许某斌的行为足以使消费者误认为被控侵权服装为森科公司生产或许可制造的商品，足以对商品来源产生混淆。许某斌的行为侵犯森科公司第8814488号商标专用权，森科公司主张许某斌停止销售侵权商品及赔偿经济损失合理合法，一审法院予以支持。许某斌抗辩称其不知道其销售行为侵权，但不能提交被控侵权商品合法来源的相关证明，故一审法院对许某斌的该抗辩意见不予采纳。

关于赔偿数额问题。淘宝网平台经营者提供许某斌在2017年4月8日至2017年11月11日期间销售“小黄鸭”的商品订数量为4991个，销售额合计519766.81元，而庭审中搜索在许某斌经营的涉案网店上使用关键词“小黄鸭”搜索到的产品上均使用了森科公司第8814488号“”注册商标，由此可以认定许某斌在2017年4月8日至2017年11月11日期间销售侵权商品的销售金额为519766.81元，然而许某斌直至该案开庭之日（2017年12月11日）仍未停止销售侵权的服装，一审法院据此认定许某斌具有侵权的故意及恶意，且销售金额巨大。由于许某斌因侵权所获得的利益或者森科公司因被侵权所受到的损失均难以确定，一审法院根据森科公司的申请，综合考虑森科公司注册商标及商品的知名度，许某斌侵权情节和侵权故意，及许某斌的经营性质、经营范围、经营规模、侵权时间、侵权区域、销售侵权产品的数量及金额、获利程度以及森科公司为维权所支出的合理费用等因素，酌情确定许某斌应当赔偿的数额为 10 万元（包括森科公司为制止侵权所支出的合理费用）。森科公司诉请超出 10 万元外的赔偿数额一审法院不予支持。

综上所述，一审法院根据《商标法》第五十七条第（三）项、第六十三条第一款及第三款，《最高人民法院关于审理商标民事纠纷案件适用法律若干问题的解释》第九条第二款、第十六条第一款及第二款、第十七条之规定，判决如下：（1）许某斌立即停止销售侵犯森科公司第 8814488 号“”注册商标专用权的服装商品；（2）许某斌在判决生效之日起 10 日内赔偿森科公司经济损失及合理费用共计 10 万元；（3）驳回森科公司其他诉讼请求。如果未按判决指定的期间履行给付金钱义务，应当依照《民事诉讼法》第二百五十三条之规定，加倍支付迟延履行期间的债务利息。一审法院受理费 4300 元，由森科公司负担 1075 元，许某斌负担 3225 元。

二审判决

广州知识产权法院认为，该案为侵害商标权纠纷，根据双方当事人的诉辩情况，结合查明的案件事实，在森科公司、许某斌均未就原审判决第一项提出上诉的情况下，该案二审的争议焦点总结如下：一审判赔金额是否恰当。

《商标法》第六十三条规定：“侵犯商标专用权的赔偿数额，按照权利人因被侵权所受到的实际损失确定；实际损失难以确定的，可以按照侵权人因侵权所获得的利益确定；权利人的损失或者侵权人获得的利益难以确定的，参照该商标许可使用费的倍数合理确定。对恶意侵犯商标专用权，情节严重的，可以在按照上述方法确定数额的一倍以上三倍以下确定赔偿数额。赔偿数额应当包括权利人为制止侵权行为所支付的合理开支……权利人因被侵权所受到的实际损失、侵权人因侵权所获得的利益、注册商标许可使用费难以确定的，由人民法院根据侵权行为的情节判决给予三百万元以下的赔偿……”

该案中，森科公司和许某斌均因对一审判决赔偿数额有异议而提起上诉。对此，二审法院考虑以下因素：（1）根据一审法院向支付宝（中国）网络技术有限公司调取的数据显示，许某斌在淘宝网店销售的涉案商品单价约104元，即使根据许某斌自述的涉案商品进货单价35－45元的最高值45元计算，许某斌涉案店铺交易成功的关键词包含“小黄鸭”字样的涉案商品总利润约为29.5万元［计算方式为（104－45）元×4991个］。由于森科公司提交证据显示涉案网店侵害涉案商标权的商品关键词包含“小黄鸭”字样，且许某斌没有提交相反证据，根据《最高人民法院关于审理商标民事纠纷案件适用法律若干问题的解释》第十四条关于“侵权所获得的利益可以根据侵权商品销售量与该商品单位利润乘积计算”之规定，涉案网店中关键词包含“小黄鸭”字样的涉案商品总利润约为29.5万元可以作为认定许某斌2017年4月8日至2017年11月11日期间侵权获利的重要参考。（2）参照《最高人民法院关于审理侵犯专利权纠纷案件应用法律若干问题的解释》第十六条的规定，侵权人因侵权所获得的利益，应当限于侵权人因侵犯专利权行为所获得的利益；因其他权利所产生的利益，应当合理扣除。据此，许某斌因侵害森科公司著作权在（2017）粤0105民初9317号案中被二审法院认定应承担的赔偿额为3万元，该部分应当合理扣除。（3）关于合理支出，其中公证费3190元亦存在该案与（2017）粤0105民初9317号案共同支出的情况。（4）许某斌在收到森科公司律师函和法院送达的起诉状副本等材料后，依然未停止销售被诉侵权商品，双方当事人确认直至2017年12月11日一审庭审后，许某斌才将被诉侵权产品从涉案网店中下架，导致侵权时间段不仅覆盖了淘宝“双十一”促销时段，而且比一审法院调取侵权获利数据的截止时间2017年11月11日又延长了至少1个月，进一步扩大了侵权的规模，侵权主观恶意明显。综合以上情况，二审法院认为，许某斌因该案商标侵权获利数额已超过森科公司一审诉讼请求所主张的20万元，故森科公司主张的20万元赔偿数额，应当予以全额支持。一审法院认定许某斌向森科公司赔偿10万元的数额过低，不足以弥补森科公司的损失，二审法院予以纠正。

综上所述，森科公司的上诉有事实和法律依据，二审法院予以支持；许某斌的上诉请求不能成立，予以驳回；一审判决认定事实基本清楚，但适用法律及认定赔偿数额不当，依法予以改判。依照《商标法》第六十三条、《最高人民法院关于审理商标民事纠纷案件适用法律若干问题的解释》第十四条、《民事诉讼法》第一百七十条第一款第（二）项的规定，判决如下：（1）维持（2017）粤0105民初9318号民事判决第一项；（2）撤销（2017）粤0105民初9318号民事判决第三项；（3）变更（2017）粤0105民初9318号民事判决第二项为：许某斌应自本判决发生法律效力之日起10日内赔偿森科公司经济损失及合理开支共计20万元。一审受理费4300元和二审受理费4600元，均由许某斌负担。

案例解析

该案是一起典型的侵害商标权纠纷诉讼，其争议的焦点涉及该类诉讼的一个难点问题，即赔偿数额的计算。现对赔偿数额的确定问题再作简要的分析。

根据《商标法》第六十三条的规定，赔偿的数额由两部分构成：一是“权利人为制止侵权行为所支付的合理开支”。根据《最高人民法院关于审理商标民事纠纷案件适用法律若干问题的解释》第十七条的规定，“合理开支”包括权利人或者委托代理人对侵权行为进行调查、取证的合理费用，以及符合国家有关部门规定的律师费用。二是权利人因侵权丧失的利益（或者所失利益的一定倍数）。赔偿数额确定的困难，主要体现在权利人因侵权丧失的利益这一部分。

根据《商标法》第六十三条第一款、第三款的规定，权利人因侵权丧失的利益有四种计算方法：第一种是实际损失，即商标权人因被侵权而实际丧失的市场利润；第二种是侵权获利，侵权人因侵权所获得的利益；第三种是遭侵害商标的许可使用费的倍数；第四种是法定赔偿。

就实际损失这种计算方法而言，实际损失的数额应等于商标权人在没有侵权情况下可获利润与遭受侵权情况下实际所获利润的差额。根据《最高人民法院关于审理商标民事纠纷案件适用法律若干问题的解释》第十五条规定，这个差额“可以根据权利人因侵权所造成商品销售减少量或者侵权商品销售量与该注册商标商品的单位利润乘积计算”。严格来说，侵权商品销售量并不应作为实际损失，而应作为侵权获利的计算参数。实际损失应按照权利人因侵权所造成商品销售减少量与该注册商标商品的单位利润乘积计算。为确定“因侵权所造成商品销售减少量”，首先，须确定假设未侵权情况下的商品销售量以及遭受侵权后的实际商品销售量。其次，要确认未侵权情况下与遭侵权后商品销售量的差额和侵害商标权行为之间有无因果关系。权利人商品销售量的减少并不一定是由侵权行为引发的。权利人商品销售量的减少与侵权行为可能完全不存在因果关系，可能仅有部分商品销售量的减少是由侵权行为导致的，也有可能全部商品销售量的减少都可归因于侵权行为。仅那些由侵权行为导致的商品销售减少量才能作为计算实际损失的基础。单位利润在数值上等于单价与成本的差额。单价与成本的数值在假设未侵权和遭侵权情况下也存在变化：单价可能会下降，而成本可能会上升（比如发生了规模不经济）。如果发生了单价下降或者成本上升的情况，必须要确认单价下降或者成本上升与侵权行为之间有无因果关系。如果单价下降或者成本上升是因为其他品牌的正当市场竞争、市场需求量减少等非侵权原因所致，则不能作为实际损失的计算基础。由上可见，实际损失这种计算方式通常需要运用到涉及权利人生产经营秘密信息的证据以及证明因果关系的证据，从而导致这种计算方式在实践中的运用面临诸多的困难。

就侵权获利这种计算方式而言，其基础既可能是填平原则，也可能是不当得利返还。通常情况下，侵权人所得即权利人所失。但在以下两种情况下，侵权人所得与权利人所失并不相等：一个是侵权人满足市场需求的能力大于权利人的情形；另一个是侵权人是在类似商品上使用注册商标而权利人并未提供该类似商品的情形。根据《最高人民法院关于审理商标民事纠纷案件适用法律若干问题的解释》第十四条的规定，侵权获利的数额“可以根据侵权商品销售量与该商品单位利润乘积计算；该商品单位利润无法查明的，按照注册商标商品的单位利润计算”。该条的规定其实预设了侵权人所获得的利益（侵权商品销售量与该商品单位利润的乘积）等同于侵权人因侵权所获得的利益，或者说，侵权人所获得的这些利益，可全部归因于其所实施的侵害商标权行为。但事实上，侵权人所获得的利益并不一定完全与侵权行为存在因果关系。消费者购买侵权商品的原因可能是多重的：既有商标承载的商誉的作用，也有其他因素的作用，比如侵权商品的产品外观设计、侵权商品本身的质量等。当消费者受多元动机驱动而购买侵权商品时，必须进行利润分摊，确定侵权行为在侵权人所获利益中的原因力大小。因此，侵权获利的完整计算公式应为侵权人所获利益与侵权行为贡献率的乘积。没有考虑侵权行为与侵权人所获利益之间的因果关系是司法实践中采用侵权获利计算方法的常见错误，造成赔偿额畸高。由上可见，侵权获利的计算方式由于涉及侵权人的生产经营信息及侵权行为贡献率的确定，也会发生适用上的困难。为了缓解侵权获利适用上的困难，尤其是权利人获取侵权人相关生产经营信息的困难，《商标法》第六十三条第二款规定了举证妨碍制度。

就许可使用费的倍数这种计算方式而言，首先，要确定许可费的数额。这个许可费的数额是假设权利人与侵权人进行注册商标使用许可交易所可能约定的数额。为此，必须先确定权利人授予许可的机会成本以及侵权人寻求许可的机会成本。权利人授予许可的机会成本决定了许可费的下限，而侵权人寻求许可的机会成本则决定了许可费的上限。在确定许可费数额的可能区间后，要结合相关因素确定双方讨价还价的能力，进而确定具体的许可费数额。其次，要确定倍数。加上倍数的要求，并不意在对侵权人进行惩罚。如果没有倍数的要求，则第三人在事先寻求商标注册人许可的激励将大为削弱，转而等到事后再以许可费作为赔偿。同时也会导致定价上的不效率，不必要地占用司法资源。损害赔偿的本质是法官定价。法官作为第三人，并不具备双方当事人所拥有的信息，因此肯定不及市场定价来得有效率。

就法定赔偿这种计算方式而言，其适用的关键在于法官进行裁量时所需考虑的因素。《商标法》第六十三条指出裁量的依据是侵权行为的情节。但仍然非常抽象，难以使公众产生较为明确的预期。《最高人民法院关于审理商标民事纠纷案件适用法律若干问题的解释》第十六条提及了一些因素，如侵权行为的性质、期间、后果，商标的声誉等。以《北京市高级人民法院关于侵害知识产权及不正当竞争案件确定损害赔偿的指导意见及法定赔偿的裁判标准》第七章的规定作为参照，裁量因素包括涉案商标的显著性、知名度、声誉，商标权人的商品单价及利润，被诉侵权商品的单价及利润，被告的类型、经营方式、经营规模、侵权情节、主观恶意等因素。该裁判标准将被告类型区分为直接侵权者与间接侵权者，直接侵权者下区分生产商与销售商，销售商下分为线上销售商与线下销售商，并根据不同类型的被告规定对应的裁量因素及判赔标准。“侵权情节严重”被类型化为四种情形：被诉行为持续时间较长；被诉行为涉及区域范围较广；侵权获利数额较大；其他情形。

权利人因侵权丧失的利益的上述四种计算方式是存在适用顺位的，依次是实际损失、侵权获利、许可费的倍数和法定赔偿。根据《商标法》的规定，后一顺位的计算方式仅有在前一顺位的计算方式“难以确定”时，才能适用。但在当下的司法实践中，法院通过虚化“难以确定”的限定条件，使法条明文规定的有顺位的四种计算方式转变为事实上的可自由选择的四种计算方式。目前法定赔偿适用率极高的局面，根本上来说是因为法定赔偿适用的简易性（相较于其他三种计算方式），但“难以确定”这一限定条件的虚化也起到了非常重要的作用。法官在弃用前三种计算方式而径直采用法定赔偿计算权利人所丧失的利益时，仅是简单地提到在先的三种计算方式难以确定，并未详细阐明难以确定的原因。在以下两种情形下，可认为在先顺位的计算方式难以确定：一个是计算方式所需的各种参数因相关证据的缺乏而无法确定，比如实际损失中因侵权所致的注册商标商品减少量因缺乏因果关系的证据而无法确定，许可费倍数中权利人授予许可的机会成本缺乏证据证明等；另一个是计算方式无法适用，比如侵权人是在类似商品上使用注册商标而权利人并未提供该类似商品的情形下，权利人并未有实际损失，实际损失这种计算方式即无法适用。

为强化对商标权的保护，《商标法》规定了惩罚性赔偿。惩罚性赔偿的适用条件为“恶意侵犯商标专用权，情节严重”。参照《北京市高级人民法院关于侵害知识产权及不正当竞争案件确定损害赔偿的指导意见及法定赔偿的裁判标准》第一章第 1.13 条的规定，“恶意”一般为直接故意。“情节严重”一般是指被诉行为造成了严重损害后果。惩罚性赔偿的数额等于基数与一定倍数的乘积。需注意的是，根据《商标法》第六十三条第一款的表述，作为基数的，只能是实际损失、侵权获利或者许可使用费。法定赔偿不能作为计算惩罚性赔偿数额的基数。如果法定赔偿可作为基数，则可能会使侵权人遭受重复惩罚，因为法定赔偿的裁量因素与惩罚性赔偿的适用前提存在部分重叠。

7　假冒注册商标罪的认定标准

——斯平玛斯特有限公司（SPIN MASTER LTD.）（加拿大）与深圳市深鹏辉科技有限公司等假冒注册商标罪刑事自诉案

裁判要旨

假冒注册商标行为指的是为达到冒充他人商品的目的而在商品上使用他人注册商标的行为，以及为实现该目的而实施的预备行为。假冒注册商标行为包括以下几种行为：（1）在同一种商品上使用与他人注册商标相同的商标；（2）在同一种商品上使用与他人注册商标相近似的商标；（3）在类似商品上使用与他人注册商标相同的商标；（4）在类似商品上使用与他人注册商标相近似的商标。并不是所有的假冒注册商标的行为都构成假冒注册商标罪，《中华人民共和国刑法》（以下简称《刑法》）第二百一十三条规定的假冒注册商标罪是指未经注册商标所有人许可，在同一种商品上使用与其注册商标相同的商标，情节严重的行为。

关于假冒注册商标罪的认定，关键在于要认定被控侵权商品上使用的商标与权利人的注册商标是否构成相同的商标以及侵权人所实施的行为是否达到“情节严重”或者“情节特别严重”的程度。在是否构成相同的商标的认定中，关键在于认定被控侵权商标与权利人商标相比是否足以使公众产生误认。若被控侵权商标和权利人的注册商标在视觉上只有字体、字母大小写、颜色、形状等细微差别，足以对公众产生误导，则属于假冒注册商标罪中相同商标的认定范畴。在判断侵权人的行为是否达到“情节严重”的程度时，关键在于要综合考虑行为人的非法经营数额或者违法所得数额是否达到法定的数额标准。若行为人的非法经营数额或者违法所得数额达到《最高人民法院、最高人民检察院关于办理侵犯知识产权刑事案件具体应用法律若干问题的解释》第一条❶的规定数额，则属于“情节严重”或者“情节特别严重”的情形。在确定犯罪数额时，权利人注册商标的专有期限应当从核准注册之日起算，犯罪数额亦应当从商标核准注册之日起计算。

关于商标权利冲突中在先使用权的认定，应当综合考虑被控侵权主体的主观意识和被控侵权商标使用的时间节点。

入选理由

该案中，被控侵权商品上使用的艺术设计体标识与权利人注册商标仅在字体、大小写等方面存在细微差别，但足以对公众产生误导，则认定构成假冒注册商标罪中的“相同商标”，对同类案件中“相同商标”的认定具有较高的指导意义。

该案中，在深圳市龙岗区人民检察院判定被告单位和被告人不构成犯罪后，斯平玛斯特有限公司（SPIN MASTER LTD.）提起自诉，法院判决结果是被告单位和被告人的罪名成立。该案的成功审结，一方面，为解决知识产权刑事自诉案件在实践中长期面临的立案难问题提供了方向，使知识产权刑事

---

❶ 《最高人民法院、最高人民检察院关于办理侵犯知识产权刑事案件具体应用法律若干问题的解释》第一条规定：未经注册商标所有人许可，在同一种商品上使用与其注册商标相同的商标，具有下列情形之一的，属于刑法第二百一十三条规定的“情节严重”，应当以假冒注册商标罪判处3年以下有期徒刑或者拘役，并处或者单处罚金：

（一）非法经营数额在5万元以上或者违法所得数额在3万元以上的；（二）假冒两种以上注册商标，非法经营数额在3万元以上或者违法所得数额在2万元以上的；（三）其他情节严重的情形。

具有下列情形之一的，属于刑法第二百一十三条规定的“情节特别严重”，应当以假冒注册商标罪判处3年以上7年以下有期徒刑，并处罚金：（一）非法经营数额在25万元以上或者违法所得数额在15万元以上的；（二）假冒两种以上注册商标，非法经营数额在15万元以上或者违法所得数额在10万元以上的；（三）其他情节特别严重的情形。

自诉不再沦为“花瓶制度”，切实保障了知识产权人的合法权益；另一方面，彰显了知识产权刑事自诉制度，为被害人加强权益保障补充了救济渠道，实现了对应当追诉的犯罪行为追究刑事责任的意义，有利于加强对公安机关、人民检察院无罪认定的监督和制约。该案也是全国首例经人民检察院认定被告单位和被告人侵权行为不构成犯罪后，知识产权权利人提起刑事自诉，由人民法院判决被告单位和被告人罪名成立并处以刑罚的案件，作为开创性判例，意义重大，影响深远。

案例索引

一审：广东省深圳市龙岗区人民法院（2018）粤 0307 刑初 420 号

基本案情

自诉人：斯平玛斯特有限公司（SPIN MASTER LTD.）（加拿大）（以下简称“斯平玛斯特有限公司”）

被告：深圳市深鹏辉科技有限公司（以下简称“深鹏辉公司”）、深圳市阿卡丽网络科技有限公司（以下简称“阿卡丽公司”）、马某昌、汪某、周某、汪某某

一审诉辩主张

斯平玛斯特有限公司于 2018 年 1 月 3 日向一审法院请求：（1）判令被告单位深鹏辉公司犯假冒注册商标罪，处罚金；（2）判令被告人马某昌犯假冒注册商标罪，处 3 年以上 7 年以下有期徒刑，并处罚金；（3）判令被告单位阿卡丽公司犯假冒注册商标罪，处罚金；（4）判令被告人汪某、周某、汪某某为犯假冒注册商标罪，处 3 年以上 7 年以下有期徒刑，并处罚金；（5）判令依法没收、销毁查扣的 135 个假冒哈驰魔法蛋。另，自诉人还主张上述被告单位和被告人构成侵犯著作权罪，请求数罪并罚。在案件审理过程中，自

诉人申请撤回对被告单位、被告人犯侵犯著作权罪的指控。

一审查明事实

经审理查明：国家商标局核准了第 19331979 号“HATCHIMALS”注册商标，注册人为斯平玛斯特有限公司，核定使用商品为第 28 类的玩具、游戏机、游戏器具，有效期自 2017 年 4 月 21 日至 2027 年 4 月 20 日，商标申请日期为 2016 年 3 月 17 日，初审公告日期为 2017 年 1 月 20 日。国家商标局核准了第 3728508 号“”注册商标，注册人为斯平玛斯特有限公司，核定使用商品为第 28 类的飞行玩具、气压玩具、无线电遥控玩具、儿童玩具、活动玩具，有效期自 2009 年 10 月 7 日至 2019 年 10 月 6 日。自诉人将上述注册商标使用在玩具等商品上。

2017 年 9 月 18 日，自诉人委托代理人余某海向深圳市公安局同乐派出所报案称阿卡丽公司、深鹏辉公司假冒自诉人的哈驰魔法蛋产品，请求依法查处。当日，公安机关在被告单位阿卡丽公司仓库查获 135 个哈驰魔法蛋玩具，并将被告人汪某、周某、汪某某抓获。2017 年 9 月 26 日，公安机关将被告单位深鹏辉公司法定代表人马某昌抓获。经查，阿卡丽公司销售的假冒哈驰魔法蛋系阿卡丽公司的汪某、周某等人根据自诉人产品仿制出来后委托深鹏辉公司生产，阿卡丽公司提供产品包装，由深鹏辉公司的法定代表人马某昌组织工人生产、包装。上述扣押的哈驰魔法蛋系阿卡丽公司从深鹏辉公司进货准备用于销售的，系未经注册商标权利人授权生产、销售的产品。被告人马某昌系深鹏辉公司的股东及法定代表人，负责深鹏辉公司的运营管理。被告人汪某、周某系阿卡丽公司的股东并负责该公司的运营管理。被告人汪某某受雇担任阿卡丽公司销售主管，负责该公司阿里巴巴平台“AKL 跨境电商专供”等账号的销售。被告人周某担任运营总监并负责该公司易趣网的销售。

公安机关从被告人马某昌手机提取的深鹏辉公司与阿卡丽公司涉案产品对账单[1]显示，2017 年 4 月 11 日至 2017 年 8 月 19 日期间，深鹏辉公司共向阿

---

[1] 对账单所涉金额均为人民币。

卡丽公司交付涉案产品 2489 个（包含返厂维修产品），单价 78 元，共计金额 194142 元，其中，2017 年 4 月 21 日（自诉人第 19331979 号“HATCHIMALS”商标核准注册日）至 2017 年 8 月 19 日期间交付涉案产品 2299 个，共计金额 179322 元，按照单价 78 元计算，公安机关在阿卡丽公司仓库扣押的 135 个涉案产品货值金额为 10530 元，深鹏辉公司的销售总额 204672 元，其中，2017 年 4 月 21 日后销售金额 189852 元（179322 元 + 10530 元）。公安机关从被告人周某手机、现场扣押的电脑中提取阿卡丽公司销售涉案产品的记录显示，阿卡丽公司的易趣网账号销售金额为 116679 元，阿里巴巴“世纪联合产品供应链”账号销售金额为 20600 元，阿里巴巴“AKL 跨境电商专供”账号销售金额为 248383 元（销售期间自 2017 年 4 月 15 日至 2017 年 9 月 16 日），现场扣押的 135 个涉案产品（按阿里巴巴网实际销售单价约 120 元计算）货值为 16200 元，扣除证人陈某华等人在阿里巴巴“AKL 跨境电商专供”账号刷单金额 209999 元（包含 2017 年 4 月 21 日前的全部销售金额），阿卡丽公司非法销售金额共计 191863 元（20600 元 + 116679 元 + 248383 元 + 16200 元 - 209999 元），其中，被告人汪某某负责的阿里巴巴账号销售金额为 58984 元（20600 元 + 248383 元 - 209999 元）。

另查，当庭查验自诉人在阿里巴巴“AKL 跨境电商专供”账号公证购买的封存实物以及公安机关现场扣押实物，显示 被控侵权产品包装上标有“”和“”标识，在产品包装上标有“Hatchimals™”标识，在产品说明书上标有“HATCHIMALS™”标识。

又查，公安机关接自诉人报案后，以涉嫌销售假冒注册商标的商品罪对被告人进行立案侦查，于 2017 年 9 月 18 日将被告人汪某、周某、汪某某抓获，于 2017 年 9 月 26 日将被告人马某昌抓获。后深圳市龙岗区人民检察院以被告人不构成犯罪为由作出不予逮捕决定，公安机关于 2017 年 10 月 25 日将被告人马某昌、汪某、周某、汪某某释放。自诉人认为被告单位、被告人构成假冒注册商标罪，遂提起该案诉讼。

再查，被告单位阿卡丽公司成立于 2014 年 12 月 29 日，系自然人独资有限责任公司，注册资本为100万元，登记股东及法定代表人为汪某。被告单位深鹏辉公司成立于2013年3月20日，注册资本为500万元，股东为马某昌、马某，法定代表人为马某昌。

2019年11月15日，自诉人斯平玛斯特有限公司分别与被告单位深鹏辉公司，被告人马某昌，被告单位阿卡丽公司，被告人汪某、周某、汪某某达成和解协议，被告单位和被告人均承认制造、销售假冒自诉人“HATCHIMALS”“”注册商标哈驰魔法蛋的行为侵犯了自诉人的知识产权，真诚认罪悔罪，对自诉人表示诚恳道歉，保证不再侵权，并向自诉人进行了赔偿。自诉人对上述被告单位、被告人的行为予以谅解，并向法院出具了谅解书。2019年11月18日，被告单位深鹏辉公司、被告人马某昌、被告单位阿卡丽公司、被告人汪某、被告人周某分别缴纳了罚金5万元人民币，被告人汪某某缴纳了罚金1万元人民币。

一审裁判理由及结果

一审法院认为，被告单位深鹏辉公司、阿卡丽公司无视国家法律，未经注册商标所有人许可，在同一种商品上使用与其注册商标相同的商标，情节特别严重，其行为均已构成假冒注册商标罪。被告人马某昌系深鹏辉公司直接负责的主管人员，被告人汪某、周某系阿卡丽公司直接负责的主管人员，被告人汪某某系阿卡丽公司的直接责任人员，依法均应按假冒注册商标罪定罪处罚。自诉人斯平玛斯特有限公司指控被告单位深鹏辉公司、阿卡丽公司，被告人马某昌、汪某、周某、汪某某构成假冒注册商标罪罪名成立。

针对控辩双方对被告单位、被告人是否构成假冒注册商标罪以及犯罪情节等所形成的争议焦点，一审法院评判如下：

1. 被控侵权商品、包装上使用的“”“”“Hatchimals™”和“HATCHIMALS™”标识，分别与自诉人的“HATCHIMALS”和“”注册商标构成《刑法》第二百一十三条规定的“相同的注册商标”

辩护人提出被控侵权商品、包装上使用的上述标识与自诉人的“HATCHIMALS”

和“”注册商标不构成相同商标的辩护意见。一审法院认为，《最高人民法院、最高人民检察院、公安部关于办理侵犯知识产权刑事案件适用法律若干问题的意见》第六条规定，具有下列情形之一的，可以认定为《刑法》第二百一十三条规定的“与其注册商标相同的商标”：（1）改变注册商标的字体、字母大小写或者文字横竖排列，与注册商标之间仅有细微差别的；（2）改变注册商标的文字、字母、数字等之间的间距，不影响体现注册商标显著特征的；（3）改变注册商标颜色的；（4）其他与注册商标在视觉上基本无差别、足以对公众产生误导的商标。根据上述规定，经比对，被控侵权商品上使用的“”“”标识，与自诉人的“HATCHIMALS”注册商标仅在字体、字母大小写上存在细微差别，而“”标识与自诉人“HATCHIMALS”的注册商标则几乎完全相同；被控侵权商品上使用的“”标识与自诉人的“”注册商标仅颜色和下半部形状略有不同（自诉人该注册商标并未指定颜色），两者在视觉上基本无差别、足以对公众产生误导，故被告单位使用的“”“”“”和“”分别与自诉人的“HATCHIMALS”和“”注册商标构成《刑法》第二百一十三条规定的“相同的商标”。辩护人该辩护意见于法无据，一审法院不予采纳。

2. 被告单位不构成对“HATCHIMALS”标识的在先使用

辩护人辩称被告单位在自诉人的“HATCHIMALS”商标核准注册前即使用该商标，对该商标具有在先使用权。一审法院认为，根据查明的事实，被告单位在自诉人的“HATCHIMALS”商标注册日期 2017 年 4 月 21 日前即开始生产、销售使用该商标的商品，但其行为不构成对该商标的在先使用，理由如下：首先，商标的在先使用是指使用人在他人注册商标申请日之前即已经使用该商标，该案中，自诉人的“HATCHIMALS”商标于 2017 年 4 月 21 日获得国家商标局核准注册，但自诉人于 2016 年 3 月 17 日即提出了商标注册申请，于 2017 年 1 月 20 日进行该商标的初审公告，而被告单位最早使用该商标的时间是 2017 年 4 月 11 日，在自诉人该商标申请、初审公告后；其次，被告单位系在自诉人涉案商品已经上市销售的情况下，通过仿制的方式生产出与自诉人涉案商品几乎相同的假冒商品，被告单位具有假冒他人注册商标的主观故意。因此，被告单位不构成“HATCHIMALS”商标的在先使用，辩护人该辩护意见于法无据，一审法院未予采纳。

3. 两被告单位具有假冒注册商标犯罪的主观故意，且客观上共同实施了假冒注册商标犯罪行为，构成共同犯罪

辩护人辩称被告单位不具有主观犯罪故意，没有共同实施犯罪行为，不构成共同犯罪的辩护意见。一审法院认为，首先，被告人汪某、周某在讯问笔录中均供述其拿到自诉人的哈驰魔法蛋产品进行研究，仿制出来后交给深鹏辉公司生产，两者的产品和包装几乎完全相同，被告单位阿卡丽公司，被告人汪某、周某等显然具有假冒注册商标犯罪故意；其次，被告单位深鹏辉公司、被告人马某昌明知阿卡丽公司交给其生产的哈驰魔法蛋系仿制他人产品，未查看阿卡丽公司是否有获得相关商标授权，为牟利组织工人生产该产品，其与阿卡丽公司具有共同犯罪故意；再次，该案涉及的是假冒注册商标罪，主要审理内容是被告单位、被告人是否未经注册商标权利人许可，在同一种商品上使用与其注册商标相同的商标，辩护人提交的两个外观设计专利不能成为其使用涉案商标的合法抗辩；最后，被告人马某昌、汪某、周某、汪某某的讯问笔录及证人证言均证实，涉案商品系阿卡丽公司委托深鹏辉公司进行生产，然后交由阿卡丽公司在阿里巴巴、易趣网平台上进行销售，两被告单位具有犯意联络且共同实施了假冒注册商标犯罪行为。因此，在案证据足以证实被告单位深鹏辉公司、阿卡丽公司具有主观犯罪故意，且共同实施了假冒注册商标犯罪行为，构成共同犯罪。

4. 两被告单位假冒自诉人的“HATCHIMALS”和“ ”两种注册商标，被告单位深鹏辉公司非法经营数额 189852 元，被告单位阿卡丽公司非法经营数额 191863 元

关于两被告单位的非法经营数额，自诉人主张两被告单位假冒两种注册商标，被告单位深鹏辉公司的非法经营数额为 194142 元，被告单位阿卡丽公司的非法经营数额为 417927 元；而辩护人辩称对账单上的金额包括返厂维修

的数量、阿里巴巴和易趣网平台销售金额包括刷单金额，均应予以扣除。一审法院认为，注册商标的专有期限自核准注册之日起算，假冒注册商标罪的非法经营数额亦应自商标核准注册之日起计算。该案被告单位假冒两种注册商标，其非法经营数额核算如下：（1）被告单位深鹏辉公司系涉案商品的生产厂商，其非法经营数额应以自2017年4月21日起（自诉人“HATCHIMALS”商标核准注册日期）向阿卡丽公司销售涉案商品的金额计算，包括对账单中销售的2299个共计金额179322元、现场扣押的135个共计金额10530元，合计销售总额189852元。（2）被告单位阿卡丽公司系涉案商品的销售商，其非法经营数额应以自2017年4月21日起销售涉案商品的金额计算，包括易趣网账号销售金额116679元、阿里巴巴“世纪联合产品供应链”账号销售金额20600元、阿里巴巴“AKL跨境电商专供”账号销售金额248383元、现场扣押的135个涉案产品货值16200元，扣除证人陈某华等人在阿里巴巴“AKL跨境电商专供”账号刷单金额209999元，合计销售金额191863元。辩护人辩称阿里巴巴“AKL跨境电商专供”账号存在刷单事实，有证人出庭作证、刷单转款记录、被告人供述与辩解等证据证实，一审法院予以采信。被告人周某辩称易趣网账号存在刷单情况，但未能提供证据证实，且被告人周某在此前的讯问笔录中从未提出易趣网有刷单的辩解，该辩护意见无证据支持，一审法院未予采纳。

辩护人关于公安机关系以销售假冒注册商标的商品罪立案侦查，而该案自诉人指控的是假冒注册商标罪，因而不属于刑事自诉案件受案范围的辩护意见，一审法院认为，自诉人向公安机关报案的内容系阿卡丽公司未经其许可销售假冒哈驰魔法蛋，所售产品系深鹏辉公司生产，请求查处。公安机关从销售商阿卡丽公司开始侦查，以销售假冒注册商标的商品罪立案并无不当，其侦查的内容既包括假冒注册商标行为，也包括销售假冒注册商标的商品行为，自诉人以假冒注册商标罪提起诉讼，符合刑事自诉案件受案范围，辩护人该辩护意见，一审法院未予采纳。辩护人关于被告单位生产、销售的商品与自诉人注册商标核定使用商品不属于同一种商品、被告人汪某某不是阿卡丽公司直接责任人员等辩护意见，均于法无据，一审法院未予采纳。

被告人马某昌、汪某、周某系被告单位直接负责的主管人员，应依法惩处；被告人汪某某受雇负责阿卡丽公司阿里巴巴账号的销售，参与时间较短，负责的销售金额为58984元，一审法院依法按照其所参与的犯罪金额予以处罚。鉴于被告人马某昌、汪某、周某、汪某某犯罪情节较轻，系初犯，认罪态度较好，主动与自诉人达成和解协议，对自诉人进行诚恳道歉和赔偿，取得自诉人的谅解，主动缴纳罚金，有较好的悔罪表现，没有再犯罪的危险，对其宣告缓刑对所居住社区没有重大不良影响，依法可以从轻处罚并宣告缓刑。

自诉人自愿撤回对被告单位、被告人犯侵犯著作权罪的指控，不违反法律规定，一审法院予以准许。扣押的假冒哈驰魔法蛋135个，予以没收处理。综上，为维护国家的商标管理制度，保护他人的合法权益不受侵犯，打击犯罪，根据被告人犯罪的事实、性质、情节和对社会的危害程度，结合其认罪态度和悔罪表现，经合议庭合议，依照《刑法》第二百一十三条、第三十条、第三十一条、第二十五条第一款、第二十六条第一款及第四款、第七十二条第一款及第三款、第七十三条第二款及第三款、第五十二条、第六十四条，《最高人民法院、最高人民检察院关于办理侵犯知识产权刑事案件具体应用法律若干问题的解释》第一条第二款第（二）项、第十二条第一款、第十三条，《最高人民法院、最高人民检察院关于办理侵犯知识产权刑事案件具体应用法律若干问题的解释（二）》第四条、第六条之规定，判决如下：（1）被告单位深鹏辉公司犯假冒注册商标罪，处罚金人民币5万元。（2）被告人马某昌犯假冒注册商标罪，判处有期徒刑3年，缓刑4年，并处罚金人民币5万元。（3）被告单位阿卡丽公司犯假冒注册商标罪，处罚金人民币5万元。（4）被告人汪某犯假冒注册商标罪，判处有期徒刑3年，缓刑4年，并处罚金人民币5万元。（5）被告人周某犯假冒注册商标罪，判处有期徒刑3年，缓刑4年，并处罚金人民币5万元。（6）被告人汪某某犯假冒注册商标罪，判处有期徒刑10个月，缓刑1年，并处罚金人民币1万元。公安机关扣押的假冒哈驰魔法蛋135个，予以没收处理。

案例解析

该案是一个假冒注册商标罪的刑事自诉案，其争议焦点主要是：(1) 被告单位深鹏辉公司、阿卡丽公司，被告人马某昌、汪某、汪某某、周某是否构成假冒注册商标罪以及犯罪情节等问题；(2) 该案是否属于刑事自诉案件的受案范围。对于上述焦点问题，合议庭已经在判决理由中作了较为详尽而充分的论述。现结合该案，对其中反映的理论和实践问题，再作简要的分析。

一、假冒注册商标罪的认定

依据《刑法》第二百一十三条规定，假冒注册商标罪是指未经注册商标所有人许可，在同一种商品上使用与其注册商标相同的商标，情节严重的，处 3 年以下有期徒刑或者拘役，并处或者单处罚金；情节特别严重的，处 3 年以上 7 年以下有期徒刑，并处罚金。此类案件在司法认定上尚存在困境，主要体现在对“相同商标”的认定以及犯罪情节的认定，这也是该案具有的典型意义之一。

(一)“相同商标”的认定

关于上述罪名中“相同商标”的认定，学界一直存在两种不同的观点。其一为狭义说，即应当按照严格的字面解释，指的是与注册商标完全相同的商标，只要存在一点差异就不应当认定为相同的商标；其二为广义说，即应当将相同商标稍微进行不超出公众预期的必要扩张解释，将一些存在细微差别但整体视觉效果实质相同，足以误导公众的商标纳入相同商标范畴。[1] 在广义说中相同商标包括两种，一为完全相同的商标，二为基本相同的商标。对于这个问题，《最高人民检察院、最高人民法院关于办理侵犯知识产权刑事案件具体应用法律若干问题的解释》第八条规定，《刑法》第二百一十三条规定的“相同的商标”，是指与被假冒的注册商标完全相同，或者与被假冒的注册

[1] 袁博. 论假冒注册商标罪中相同商标的刑法含义［J］. 人民司法，2015 (9)：67－70.

商标在视觉上基本无差别、足以对公众产生误导的商标。可见，最高人民法院和最高人民检察院采取的是广义说，对于非完全相同商标的界定标准是“视觉上基本无差别、足以对公众产生误导”。但是，该解释颁布之后，并没有很好地解决实践中相同商标界定范围较为宽泛、认定标准不一、界定难的问题。为此，2011 年发布的《最高人民法院、最高人民检察院、公安部关于办理侵犯知识产权刑事案件适用法律若干问题的意见》以列举加兜底的方式，进一步明确了可以认定为“基本相同商标”的四种情形，包括：（1）改变注册商标的字体、字母大小写或者文字横竖排列，与注册商标之间仅有细微差别的；（2）改变注册商标的文字、字母、数字等之间的间距，不影响体现注册商标显著特征的；（3）改变注册商标颜色的；（4）其他与注册商标在视觉上基本无差别、足以对公众产生误导的商标。该意见试图通过列举的方式解决现实中认定难的问题，但并没有从理论上提出新的认定标准，判定是否为相同商标的依据依然是是否足以对公众产生误导，并没有解决实践中基本相同商标认定标准模糊不清、解释弹性过大的问题。[1]

该案中，自诉人斯平玛斯特有限公司为了保护其知识产权权利，已经在中国申请了第 19331979 号“HATCHIMALS”和第 3728508 号“”注册商标，专有权期限分别为自 2017 年 4 月 21 日至 2027 年 4 月 20 日、自 2009 年 10 月 7 日至 2019 年 10 月 6 日。而被告单位和被告人未经注册商标权利人的许可，在同一种商品上使用与其注册商标相似的商标。被告单位和被告人在其生产销售的假冒魔法趣味蛋上使用的“”“Hatchimals™”标识，与自诉人的“HATCHIMALS”注册商标仅在字体、字母大小写上存在细微差别，而“HATCHIMALS™”标识与自诉人“HATCHIMALS”的注册商标则几乎完全相同；被控侵权商品上使用的“”标识与自诉人的“”注册商标仅颜色和下半部形状，略有不同（自诉人该注册商标并未指定颜色），两者在视觉上基本无差别、足以对公众产生误导。故依据《最高人民法

[1] 涂龙科．假冒注册商标罪的司法疑难与理论解答［J］．政治与法律，2014（10）：55－61．

院、最高人民检察院、公安部关于办理侵犯知识产权刑事案件适用法律若干问题的意见》第六条的规定，被告单位使用的“”“”“Hatchimals™”和“HATCHIMALS™”分别与自诉人的“HATCHIMALS”和“”注册商标构成《刑法》第二百一十三条规定的“相同的商标”。实践中，对于“相同商标”的认定标准尚存在一定的困境，该案的司法认定结果对同类案件中“相同商标”的认定具有较高的指导意义。

（二）犯罪数额的认定

假冒注册商标罪属于侵犯知识产权犯罪的一种，而侵犯知识产权犯罪是情节犯或者数额犯，认定犯罪以及罪刑轻重的标准是行为人犯罪数额的大小。在假冒注册商标罪中，定罪标准之一就是行为人的犯罪行为达到“情节严重”或者“情节特别严重”的程度。关于情节严重以及情节特别严重的规定具体表现在《最高人民法院、最高人民检察院关于办理侵犯知识产权刑事案件具体应用法律若干问题的解释》第一条中，即列举情节严重情形包括非法经营数额在5万元以上（假冒两种以上注册商标时为3万元以上）和违法所得数额在3万元以上（假冒两种以上注册商标时为2万元以上）；情节特别严重包括非法经营数额在25万元以上（假冒两种以上注册商标时为15万元以上）和“违法所得数额在15万元以上”（假冒两种以上注册商标时为10万元以上）。可见，犯罪金额的计算方式有两种，一种是非法经营数额，另一种是违法所得数额。“非法经营数额”的概念较为宽泛，依据《最高人民法院、最高人民检察院关于办理侵犯知识产权刑事案件具体应用法律若干问题的解释》第十二条❶的规定，指的是行为人在实施侵犯知识产权行为过程中，制造、储存、运输、销售侵权产品的价值。而犯罪人实施侵犯知识产权犯罪行为的主

❶ 《最高人民法院、最高人民检察院关于办理侵犯知识产权刑事案件具体应用法律若干问题的解释》第十二条规定：“本解释所称“非法经营数额”，是指行为人在实施侵犯知识产权行为过程中，制造、储存、运输、销售侵权产品的价值。已销售的侵权产品的价值，按照实际销售的价格计算。制造、储存、运输和未销售的侵权产品的价值，按照标价或者已经查清的侵权产品的实际销售平均价格计算。侵权产品没有标价或者无法查清其实际销售价格的，按照被侵权产品的市场中间价格计算。多次实施侵犯知识产权行为，未经行政处理或者刑事处罚的，非法经营数额、违法所得数额或者销售金额累计计算。”

要原因就在于追求侵权商品所带来的经济利益，“违法所得数额”就是行为人通过违法犯罪手段获取的数额，即在销售金额中除去成本后所得的纯利润。[1]

然而，在确定侵权行为人的犯罪金额时，存在一种特殊的方式——刷单。刷单指的是买卖双方合谋，由买方通过正常渠道假意购买商品，卖方向买方支付本金及报酬以提高自己店铺信誉和产品知名度的一种方式。由于刷单并不是真实存在的买卖行为，在确定行为人的犯罪金额时，该部分虚增的金额应该如何处置？对于这个问题，最高人民法院给出的第 87 号指导案例[2]已经明确表示，如果网络假冒注册商标犯罪中存在“刷单”情形（须有证据证明），在认定犯罪数额时，“刷单”部分的销售数额应当扣除；反之，如果没有证据证明销售金额系刷单所得，不予扣除。

该案中，关于两被告单位的非法经营数额，自诉人主张两被告单位假冒两种注册商标，被告单位深鹏辉公司非法经营数额为 194142 元，被告单位阿卡丽公司的非法经营数额为 417927 元，而辩护人辩称对账单上的金额包括返厂维修的数量、阿里巴巴和易趣网平台销售金额包括刷单金额，均应予以扣除。法院认为，注册商标的专有期限自核准注册之日起算，假冒注册商标罪的非法经营数额亦应自商标核准注册之日起计算。该案被告单位假冒两种注册商标，其非法经营数额核算如下：（1）被告单位深鹏辉公司系涉案商品的生产厂商，其非法经营数额应以自 2017 年 4 月 21 日（自诉人“HATCHIMALS”商标核准注册日期）起向阿卡丽公司销售涉案商品的金额计算，包括对账单中销售的 2299 个共计金额 179322 元、现场扣押的 135 个共计金额 10530 元，合计销售总额 189852 元；（2）被告单位阿卡丽公司系涉案商品的销售商，其非法经营数额应以自 2017 年 4 月 21 日起销售涉案商品的金额计算，包括易趣网账号销售金额 116679 元、阿里巴巴“世纪联合产品供应链”账号销售金额 20600 元、阿里巴巴“AKL 跨境电商专供”账号销售金额 248383 元、现场扣押的 135 个涉案产品货值 16200 元，扣除证人陈某华等人

---

[1] 王敏敏，兰波．侵犯知识产权罪的数额认定［J］．中国检察官，2012（18）：19－21.

[2] 姜瀛．网络假冒注册商标犯罪中被告人“刷单”辩解的证明模式和证明标准：以第 87 号指导案例及相关案例为分析对象［J］．政治与法律，2017（9）：34－44.

在阿里巴巴“AKL跨境电商专供”账号刷单金额209999元，合计销售金额191863元。辩护人辩称阿里巴巴“AKL跨境电商专供”账号存在刷单事实，有证人出庭作证、刷单转款记录、被告人供述与辩解等证据证实，故认定该部分金额系刷单所得，排除在犯罪金额之外。被告人周某辩称易趣网账号存在刷单情况，但未能提供证据证实，且被告人周某在此前的讯问笔录中从未提出易趣网有刷单的辩解，该辩护意见无证据支持，法院对此部分的销售金额并不认定为刷单所得。

（三）假冒注册商标罪与销售假冒注册商标的商品罪的界限

销售假冒注册商标的商品罪是指违反国家商标管理法规，销售明知是假冒注册商标的商品，销售金额数额较大的行为。假冒注册商标罪与销售假冒注册商标的商品罪在犯罪构成上具有一定的相同之处，但假冒注册商标罪从客观上既可以表现为单纯在商品上实行假冒他人注册商标的行为，也可以表现为在商品上假冒他人注册的商标后将该商品进行销售；而销售假冒注册商标的商品罪在客观上只是销售他人假冒注册商标的商品，因而区分两者的关键是看行为人销售的是自己假冒的他人注册商标的商品，还是销售的由第三人假冒的他人注册商标的商品。如果是前者，则定假冒注册商标罪；如果是后者，则定销售假冒注册商标的商品罪。在该案中，被告深鹏辉公司、阿卡丽公司，马某昌、汪某、周某、汪某某生产销售的是自己假冒的他人注册商标的商品，应该定假冒注册商标罪。

（四）单位犯罪与共同犯罪的认定

依据《刑法》第二百二十条的规定，单位犯《刑法》第二百一十三条至第二百一十九条规定之罪的，对单位判处罚金，并对其直接负责的主管人员和其他直接责任人员，依照各该条的规定处罚。可见，在一些特定的知识产权犯罪中，单位是可以成为犯罪主体的。实践表明，大量的知识产权犯罪实际上是单位所为。与自然人犯罪侵犯知识产权相比，单位犯罪往往还涉及更大的金额、更复杂的人际关系、更强的反侦查能力。因此，单位犯罪比自然人犯罪在知识产权犯罪中更应该被关注和重视。有学者提出，知识产权单位犯罪具有四个特征：第一，侵犯知识产权的单位犯罪是公司、企业、机构、国家机关、社会团体等单位本身的犯罪，而不是单位里的每个成员犯罪的总和；第二，侵犯知识产权单位犯罪必须以单位名义进行；第三，知识产权单位犯罪是单位自己或是用单位名义为全体成员谋取非法利益；第四，单位可以成为所有知识产权犯罪的主体且具有整体性、组织性。❶ 知识产权单位犯罪是一种牟利型的犯罪，主要是对于权利人财产权的侵犯，获取巨额的经济利益是此类犯罪的目的和动机，故此类犯罪是一种典型的经济类型的犯罪。关于单位犯罪的处罚，在刑法理论上存在单罚制与双罚制之分。单罚制，又称代罚制或者转嫁制，指在单位犯罪中只处罚单位中的个人或者只处罚单位本身。总之，在单位与个人之间只处罚其中之一。双罚制，又称两罚制，指在单位犯罪中，既处罚单位又处罚单位中的个人。依据《刑法》第二百二十条的规定，知识产权刑事犯罪实行的是双罚制，对单位判处罚金，对个人按照个人犯罪的规定处罚。并且，《最高人民法院、最高人民检察院关于办理侵犯知识产权刑事案件具体应用法律若干问题的解释（二）》第四条进一步规定了罚金的数额，即罚金数额一般在违法所得的 1 倍以上 5 倍以下，或者按照非法经营数额的 50% 以上 1 倍以下确定。

《刑法》第二十五条规定，共同犯罪是指二人以上共同故意犯罪。二人以上共同过失犯罪，不以共同犯罪论处。构成共同犯罪必须同时具备三个条件：其一，主体条件，行为人必须是二人以上；其二，客观条件，必须具有共同的犯罪行为；其三，主观条件，必须具有共同的故意。其中，主体条件可以表现为二个以上的自然人或者二个以上的单位或者自然人与单位相结合形成的二人以上的行为人。单位共同犯罪与一般的自然人共同犯罪最根本的区别在于其主体不同于一般的自然人共同犯罪主体。因此，单位共同犯罪的特征主要产生于其特殊的主体。具体而言，单位共同犯罪有以下特征：一是单位性，即实施共同犯罪众多共犯中必然有一位或者一位以上为单位主体；二是程序性，即单位共同犯罪的意志必须经由单位主体中的决策机构或负责人员

---

❶ 林天祺．共同犯罪成立范围在刑法学理上的展开［J］．湖北经济学院学报（人文社会科学版），2019，16（3）：73－77．

决定，与其他共同犯罪人共同形成犯罪行为需由单位主体中的其他直接责任人员与其他共同犯罪人配合实施；三是法定性，即单位共同犯罪成立的范围只能限定在《刑法》明文规定的单位故意犯罪之内。❶

依据《刑法》第二百二十条的规定，假冒注册商标罪的犯罪主体为一般主体，自然人和单位都可以成为犯罪主体。而且该条规定，单位作为犯罪主体时，对单位判处罚金，并对其直接负责的主管人员和其他直接责任人员，按照规定追究责任。可见，单位可以成为该罪共同犯罪的主体，且对该罪的单位犯罪采取的是双罚制，既处罚单位又处罚单位中的个人。因此，在对该罪进行处罚时，要判断是否构成单位犯罪；若构成单位犯罪，则需要分别对单位和个人不同量刑，对单位判处罚金，对个人按照个人犯罪处罚。此外，区分重罪与轻罪时，要结合《刑法》第二百一十三条❷规定与《最高人民法院、最高人民检察院关于办理侵犯知识产权刑事案件具体应用法律若干问题的解释》第一条规定，对情节严重的情形当处 3 年以下有期徒刑或者拘役，并处或者单处罚金；对情节特别严重的情形当处 3 年以上 7 年以下有期徒刑，并处罚金。

该案中，首先，被告单位阿卡丽公司和深鹏辉公司作为合法注册的公司，具备犯罪的主体资格，其没有取得自诉人的许可，便在其生产销售的假冒哈驰魔法蛋上使用与注册商标相同的商标，显然已经构成了单位犯罪。而且，被告人汪某、周某等作为阿卡丽公司的直接管理人员，在讯问笔录中均供述其拿到自诉人的哈驰魔法蛋产品进行研究，仿制出来后交给深鹏辉公司生产，两者的产品和包装几乎完全相同，被告单位阿卡丽公司，被告人汪某、周某等显然具有假冒注册商标犯罪的故意。其次，被告单位深鹏辉公司、被告人马某昌明知阿卡丽公司交给其生产的哈驰魔法蛋系仿制他人产品，未查看阿卡丽公司是否有获得相关商标授权，为牟利组织工人生产该产品，其与阿卡

---

❶ 李世宇. 单位共同犯罪若干问题研究［D］. 上海：华东政法大学，2008.

❷ 《刑法》第二百一十三条的规定：“【假冒注册商标罪】未经注册商标所有人许可，在同一种商品上使用与其注册商标相同的商标，属于假冒注册商标罪，情节严重的，处三年以下有期徒刑或者拘役，并处或者单处罚金；情节特别严重的，处三年以上七年以下有期徒刑，并处罚金。”

丽公司具有共同犯罪故意。最后，被告人马某昌、汪某、周某、汪某某的讯问笔录及证人证言均证实，涉案商品系阿卡丽公司委托深鹏辉公司进行生产，然后交由阿卡丽公司在阿里巴巴、易趣网平台上进行销售，两被告单位具有犯意联络且共同实施了假冒注册商标犯罪行为，当认定具有共同的主观故意，且客观上实施了犯罪行为，构成共同犯罪。该案中两被告单位在同一种商品上假冒了自诉人的第 19331979 号“HATCHIMALS”和第 3728508 号“”注册商标，应当属于《最高人民法院、最高人民检察院关于办理侵犯知识产权刑事案件具体应用法律若干问题的解释》第一条规定的假冒两种以上注册商标的情形。且经审查查明，被告单位深鹏辉公司非法经营数额为 189852 元、被告单位阿卡丽公司的非法经营数额为 191863 元，均达到了法律明文规定的 10 万元以上的数额要求，属于情节特别严重的情形，应当处 3 年以上 7 年以下有期徒刑，并处罚金。但在该案中，被告人马某昌、汪某、周某系被告单位直接负责的主管人员，应依法惩处；被告人汪某某受雇负责阿卡丽公司阿里巴巴账号的销售，参与时间较短、负责的销售金额为 58984 元，一审法院依法按照其所参与的犯罪金额予以处罚。鉴于被告人马某昌、汪某、周某、汪某某犯罪情节较轻，系初犯，认罪态度较好，主动与自诉人达成和解协议，对自诉人进行诚恳道歉和赔偿，取得自诉人的谅解，主动缴纳罚金，有较好悔罪表现，没有再犯罪的危险，对其宣告缓刑对所居住社区没有重大不良影响，依法可以从轻处罚并宣告缓刑。

二、知识产权刑事自诉案件的范围

从诉权本源和功能角度来说，公民的诉权本不应局限于民事诉讼一个角度。放眼国际，诉权乃是公民的基本权利，是公民通过司法途径来救济权利的基本权利，不应受诉讼类型的限制。从诉讼权利的视角来看待知识产权刑事自诉权，才能为公民提供更为切实有效的权利救济手段，更有助于知识产权的保护。私力救济的效果取决于权利主体的运用，因此，正义能否被伸张，存在天然的不确定性。但是，刑事自诉可以扮演权利或法益恢复的原动力和跟踪者，在一定程度上对公权滥用或其他相关漏洞进行弥补。同时，公力救济是在扬弃私力救济基础上所产生的由公共规则支配的制度性救济。由此不难看出，自诉权是法律赋予被害人的诉权，属于私权范畴，被害人可以对私权进行处分。公诉权是法律赋予检察机关的公权力，代表着国家利益或公共利益，意味着责任和担当，不可随意放弃和处分。[1] 允许知识产权权利人自诉权的存在，一方面有利于对权利人权益的全面保障，另一方面有利于国家知识产权管理制度以及国家知识产权安全、长足、稳定的发展。我国刑事诉讼案件总体上遵循的是“公诉为主，自诉为辅”的规则。

自诉案件是指当事人告诉司法机关才处理的案件。根据《刑法》第九十八条的规定，告诉才处理，是指被害人告诉才处理。如果被害人因受强制、威吓无法告诉的，人民检察院和被害人的近亲属也可以告诉。《中华人民共和国刑事诉讼法》（以下简称《刑事诉讼法》）第二百一十条规定自诉案件包括下列案件：（1）告诉才处理的案件；（2）被害人有证据证明的轻微刑事案件；（3）被害人有证据证明对被告人侵犯自己人身、财产权利的行为应当依法追究刑事责任，而公安机关或者人民检察院不予追究被告人刑事责任的案件。《最高人民法院、最高人民检察院关于办理侵犯知识产权刑事案件具体应用法律若干问题的解释（二）》第五条规定：“被害人有证据证明的侵犯知识产权刑事案件，直接向人民法院起诉的，人民法院应当依法受理；严重危害社会秩序和国家利益的侵犯知识产权刑事案件，由人民检察院依法提起公诉。”由此可见，在我国，知识产权权利人依法享有提起刑事自诉的权利，提起自诉的条件是有证据证明被告侵犯了权利人的知识产权。知识产权案件能够适用刑事自诉程序的有以下两种情形：（1）被害人有证据证明的轻微刑事案件；（2）被害人有证据证明对被告人侵犯自己人身、财产权利的行为应当依法追究刑事责任，而公安机关或者人民检察院不予追究被告人刑事责任的案件。对于第一种情形，由于犯罪情节轻微，权利人基于危害程度及维权成本的考虑，往往倾向于寻求行政机关进行行政处罚，或者提起民事诉讼制止侵权行为和索赔。因此对于知识产权权利人来说，侵权情节特别严重的案件

[1] 高艾泠，杨春华．知识产权案件刑事自诉权的重构［J］．人民检察，2019（14）：70－72．

才会迫切寻求刑事救济。在此类案件的刑事自诉程序中，人民法院在立案时会要求自诉人提供材料证明公安机关或者人民检察院不予追究被告人刑事责任。该案便属于第二种情形。法院受理被害人提起刑事自诉案件的条件是“有证据证明”，这要求自诉人提供的证据达到较高的证明标准，尤其是在知识产权领域刑民界限模糊、专业认定难等问题的多重制约下，该制度设置难以发挥实效。[1] 为了推动该领域自诉权的适用率，保障权利人的合法权益，2011 年发布的《最高人民法院、最高人民检察院、公安部关于办理侵犯知识产权刑事案件适用法律若干问题的意见》第四条明确规定，人民法院依法受理侵犯知识产权刑事自诉案件，对于当事人因客观原因不能取得的证据，在提起自诉时能够提供有关线索，申请人民法院调取的，人民法院应当依法调取。该条规定人民法院可以依法调取证据，实际上转移了自诉人提交证据的压力，并且降低了自诉案件受理的门槛，反映了国家司法机关对于相关知识产权犯罪通过自诉程序得以解决的支持与鼓励。但即使如此规定，实践中仍然存在法院立案难、当事人提交证据难等问题，导致知识产权刑事自诉案件的适用率非常低，维权成功者更是少见。

该案中，辩护人提出公安机关系以销售假冒注册商标的商品罪立案侦查，而自诉人指控的是假冒注册商标罪，不属于刑事自诉案件受案范围的辩护意见。法院认为，自诉人向公安机关报案的内容系阿卡丽公司未经其许可销售假冒哈驰魔法蛋，所售产品系深鹏辉公司生产，请求查处。公安机关从销售商阿卡丽公司开始侦查，以销售假冒注册商标的商品罪立案并无不当，其侦查的内容既包括假冒注册商标行为，也包括销售假冒注册商标的商品行为，自诉人以假冒注册商标罪提起诉讼，符合刑事自诉案件受案范围，法院受理属于合法程序。自诉人斯平马斯特有限公司在提起自诉时，提供了公安机关曾立案侦查的文书，并申请法院向公安机关和人民检察院调取该案的相关材料。法院受理了该刑事自诉案件后，依法申请向公安机关及检察机关调取了

---

[1] 唐震. 从现实向理想的迈进：知识产权刑事自诉的实施路径［C］//最高人民法院. 探索社会主义司法规律与完善民商事法律制度研究：全国法院第 23 届学术讨论会获奖论文集（下），2011：8.

相关案件材料，得以证明该案存在公安机关和检察院不予追究被告单位及被告人刑事责任的前置程序问题，也获取了证明各被告单位及被告人犯罪的关键证据。

综上所述，被告单位深鹏辉公司、阿卡丽公司，被告人马某昌、汪某、周某、汪某某构成假冒注册商标罪，法院审判定罪准确，量刑适当。

8　商标法合法来源抗辩的适用

——钜记食品有限公司（澳门地区）诉珠海澳人岛贸易有限公司、广州市新天行食品有限公司、阿里巴巴（中国）网络技术有限公司、广州市越秀区标记食品商行、杭州阿里巴巴广告有限公司侵害商标权纠纷案

裁判要旨

重复诉讼与否的认定，应考量被告一方人员、诉讼请求、原告主张的涉嫌侵权的情形、当事人间所构成的法律关系、涉嫌侵权的产品等因素。

经营者擅自使用他人的企业名称或者姓名，引人误认是他人的商品的行为，构成不正当竞争行为。其中的引人误认，是指足以使相关公众对商品的来源产生误认，包括误认为与知名商品的经营者具有许可使用、关联企业关系等特定联系的情形。

侵害商标权法定赔偿的数额，应根据侵权行为的性质、期间、后果、商标的声誉等及权利人为制止侵权行为的合理开支等因素综合确定。

入选理由

该案涉及粤港澳大湾区内知名手信企业，品牌知名度极高。该案与其他系列案自 2014 年开始维权，于 2019 年方审结，案发及维权时间长。该案权

利人、主要侵权行为人地跨粤港澳，侵权行为人构建了跨境并覆盖电商及实体的复杂侵权网络。

该案在粤港澳大湾区内成功维护了澳门商事主体的知识产权，保护了其企业名称及注册商标专用权。该案相关的（2015）珠香法知民初字第 1 号（一审）及（2016）粤 04 民终 2090 号案（二审）入选广东省高级人民法院“粤港澳大湾区跨境纠纷典型案例”。案件经修订后作为“粤港澳大湾区司法案例研讨会”唯一指定案例。

案例索引

一审案号：广东省珠海市香洲区人民法院（2015）珠香法知民初字第 21 号

二审案号：广东省珠海市中级人民法院（2018）粤 04 民终 3301 号

基本案情

上诉人（一审原告）：钜记食品有限公司（澳门地区）（以下简称“钜记公司”）

被上诉人（一审被告）：珠海澳人岛贸易有限公司（以下简称“澳人岛公司”）

被上诉人（一审被告）：阿里巴巴（中国）网络技术有限公司（以下简称“阿里巴巴网络公司”）

被上诉人（一审被告）：广州市越秀区标记食品商行（以下简称“标记商行”）

被上诉人（一审被告）：杭州阿里巴巴广告有限公司（以下简称“阿里巴巴广告公司”）

一审被告：广州市新天行食品有限公司（以下简称“新天行公司”）

一审诉请

钜记公司向一审法院起诉请求：（1）判令澳人岛公司、新天行公司、标记商行立即停止对其所有的“钜记”和“钜记饼家”等注册商标的侵权行为，立即停止销售印有“钜记”或“钜记食品有限公司”字样的侵权产品（包括但不限于紫菜肉松蛋卷、杏粒杏仁饼、六宝肉松蛋卷、五香肉粒、老陈皮、香烤鱿鱼、雪花杏仁片饼酥、绿豆手工杏仁饼、香辣肉粒、日式姜球、开胃梅饼、纽结糖等）；（2）判令澳人岛公司、新天行公司、标记商行立即停止使用“钜记”或“钜记食品有限公司”等与其商品名称近似或与其企业名称相同的标识的不正当竞争行为；（3）判令澳人岛公司、新天行公司、标记商行赔偿人民币300万元；（4）判令阿里巴巴网络公司、阿里巴巴广告公司对阿里巴巴网站上进行销售的印有“钜记”或“钜记食品有限公司”字样的侵权产品的所有信息立即采取删除、屏蔽、断开链接等必要措施；（5）判令阿里巴巴网络公司、阿里巴巴广告公司对损害的扩大部分与澳人岛公司、新天行公司、标记商行承担连带责任；（6）请求判决澳人岛公司、新天行公司、标记商行、阿里巴巴网络公司、阿里巴巴广告公司支付全部维权费用暂计为30500元；（7）请求判决澳人岛公司、新天行公司、标记商行、阿里巴巴网络公司、阿里巴巴广告公司承担该案全部的诉讼费用。

案件事实

一审法院经审理查明：根据中国法律服务（澳门）公司出具的（2014）中法澳证字第43901号公证书中所公证的商业登记资料，钜记公司是依据中华人民共和国澳门特别行政区法律登记成立且存续的企业，成立于2003年，所营事业为饼食及糖果之生产、销售、进出口，“钜记食品有限公司”是钜记公司的商业名称，澳门特别行政区商业登记证号为17139（so）。

钜记公司在国家商标局得到注册的部分商标，包括：

（1）第3673359号注册商标“钜记”，“钜记”核定使用商品第30类，包括糖果、朱古力、果冻（糖果）、月饼、饼干、面包、谷类制品、膨化水果片、蔬菜片、食用淀粉产品、调味品等，注册有效期限为自2005年2月21日至2025年2月20日（经续展后）。

（2）第7835790号注册商标“钜记饼家”，核定使用商品第29类，包括肉松、香肠、腊肠、干燕窝、鱼制食品、鱼翅、食用鱼胶、干贝、牛奶制品，注册有效期限为自2012年3月21日至2022年3月20日。

（3）第3766251号注册商标“钜记饼家”，核定使用商品第29类，包括肉、肉干、死家禽、鱼（非活的）、果酱、水果干、熟水果、水果蜜饯、牛奶制品，注册有效期限为自2005年10月21日至2015年10月20日，经钜记公司续展，有效期至2025年10月20日。

（4）第3713469号注册商标“钜记饼家”，核定使用商品第30类，包括糖果、花生糖果、杏仁饼、蛋卷、中式饼、面粉、谷类制品，注册有效期限为自2009年12月28日至2019年12月27日。

（5）第7835788号注册商标“钜记饼家”，核定使用商品第5类，包括鹿茸、血红蛋白元、蛋白牛奶、净化剂、杀虫剂，注册有效期限为自2011年2月28日至2021年2月27日。

（6）第7835789号注册商标“钜记饼家”，核定使用商品第30类，包括花生糖果、杏仁饼、以谷物为主的零食、小吃、谷类制品、辣椒油，注册有效期限为自2011年2月7日至2021年2月6日。

（7）第8479079号注册商标“钜记饼家KOIKEIBAKERY”，核定使用商品第30类，包括巧克力、糖果、饼干、面包、以谷物为主的零食、小吃、月饼、谷类制品、含淀粉食品、调味料，注册有效期限为自2011年10月7日至2021年10月6日。

（8）第6926201号注册商标“钜记；车仔档；KOIKEIBAKERY”，

核定使用商品第29类，包括死家禽、浓肉汁、肉、脆猪肉片、甜猪肉碎、甜猪肉、加胡椒粉的甜猪肉、猪肉松、干制牛肉、猪肉棒、加海藻的猪肉松、猪肉丝、猪肉干、牛肉干、鱼（非活的）、甜土豆片、土豆片、洋李干、薄脆土豆片、煮熟的水果、果酱、腌制水果、干制水果、奶制品、牛奶、水果沙司、蔬菜沙拉、果冻、黄油花生，注册有效期限为自2012年8月21日至2022年8月20日。

（9）第6926200号注册商标“钜记；车仔档；KOIKEIBAKERY ”，核定使用商品第30类，包括糖、食用糖果、巧克力、甜食、糖果、薄荷糖、糖、杏仁糊、果子面包、燕麦食品、曲奇饼干、薄烤饼、蛋糕、果馅饼、克力架饼干、饼干、糖点、蛋白杏仁饼（糕点）、糕点、面包、甜食、肉松米饼、肉松虾饼、蛋卷、馅饼、米、谷类制品、西米、面粉、玉米花、木薯粉、食用冰、食盐、醋、辣椒粉、沙司（调味品）、芥末、酵母、酵母粉、食用香料（不包括含醚香料和香精油），注册有效期限为自2012年6月14日至2022年6月13日。

对于钜记公司的上列注册商标，余某辉于2015年12月8日向国家商标局对钜记公司第6926200号、第8479079号、第7835789号、第7835788号、第3713469号、第3673359号商标提出连续三年不使用注册商标的撤销申请，国家商标局予以受理。2016年3月25日，国家商标局决定撤销钜记公司第3766251号、第7835790号商标，钜记公司对此提出复审申请，至该案一审庭审结束时国家商标局并未对钜记公司复审申请作出决定。2016年7月15日，国家商标局决定驳回余某辉对钜记公司第8479079号、第3713469号、第6926200号、第3673359号商标的撤销申请。

钜记公司生产杏仁饼、烧肉干等食品，在澳门的各个店铺中进行销售。钜记公司在其经营过程中，曾获得中国联合商报社等机构颁发的荣誉证书，《广州日报》曾对钜记公司就其品牌影响力方面进行报道。钜记公司亦在澳门的报纸、杂志上刊登宣传推广的广告。同时，根据钜记公司提供的收据、发票、照片、申请表及澳门会议展览业协会的证明，钜记公司于2012—2014年在杭州、成都、沈阳、西安等地进行活力澳门推广周活动，在江门、佛山等地进行展销，在第111—118届的中国进出口商品交易会上进行展销，在2012—2014年的澳门·广州名品展上进行展销。钜记公司在上述展会上主要对其生产的原粒杏仁饼、葡式朱古力曲奇等食品进行展销。同时，根据钜记公司提交的网页截图，钜记公司开通微博，于2013年5月21日在微博上发布第一篇信息。

2014年12月28日，钜记公司的委托代理人韦某达至广东省珠海市珠海公证处申请对有关网页进行证据保全。韦某达在公证处的电脑中进行操作，公证处对上述操作过程制作了（2014）粤珠珠海第33760号公证书。根据该公证书显示，钜记公司委托人在IE浏览器中输入www. 1688. com后进入阿里巴巴主页，在主页中输入“钜记”搜索得到相关产品，通过一款“杏粒杏仁饼”的产品链接至新天行公司的店铺网页中，在店铺网页左侧显示有新天行公司的联系方式等信息，在该款杏粒杏仁饼的产品页面中，显示的产品名称为“钜记杏粒杏仁饼”，页面中还有关于“钜记”的介绍，在页面上有产品的外包装展示，在包装盖上印有“钜记食品有限公司”“澳人手工坊”标识以及澳门大三巴牌坊照片，在包装盒上标签标明生产厂家为“钜记食品有限公司”，地址位于香港新界，内地总代理为澳人岛公司，在产品页面后附有钜记的介绍及销售情况。钜记公司为该次公证保全支付公证费500元。

2015年3月31日，钜记公司向新天行公司发送电子邮件，要求其提供买卖合同、进货单、发票、产品提供方等资料。2015年4月3日，新天行公司向钜记公司回复电子邮件，称其销售钜记系列食品是从标记商行采购的，并在邮件附件中出示标记商行的营业执照及食品流通许可证、进货单以及一份授权书，该授权书内容为，钜记食品香港有限公司授权澳人岛公司销售钜记公司名下澳人手工坊所有产品，授权书有效期为5年（自2014年1月1日至2018年1月1日）。

根据钜记公司申请，一审法院于2015年6月19日前往标记商行的经营地进行证据保全。在证据保全过程中，一审法院工作人员对标记商行店铺中正在销售的xo牛肉棒、沙爹牛肉棒、麻辣牛肉棒、香酥珍珠肉松、手撕香辣牛肉丝、雪花杏仁酥、腰果小酥饼、六宝肉松蛋卷、五香牛肉粒、老陈皮、车厘子等产品进行拍照，上述产品在外包装中均标有“钜记食品有限公司”，部分产品有“澳人手工坊”标识，一审法院工作人员当场要求标记商行提供销售记录，但标记商行的工作人员李某称在店里没有销售记录，需要老板一周回来后才可以提供。标记商行其后提供相关材料，材料包括：(1)“澳人手工坊”在香港的商标注册证明书，该证明书显示商标拥有人为“HL FOOD CO.，LIMITED”，商标类别为第29类：水果蜜饯、果肉、肉片、肉干等，证书落款日期为2014年6月4日；(2)“HI FOOD CO.，LIMITED 钜记食品有限公司”在香港的公司注册证书（2012年12月6日发出）；(3）珠海出入境检验检疫局于2015年8月对澳人岛公司的沙爹牛肉片、麻辣牛肉棒等的检验报告；(4)“HI FOOD CO.，LIMITED 钜记食品有限公司”在香港更名为“HL FOOD CO.，LIMITED 钜记食品有限公司”（以下简称“香港钜记公司”）的公司更改名称证书（2012年12月27日发出）；(5）澳人岛公司的税务登记证、组织机构代码证、营业执照；(6)“广州钜记食品有限公司”的营业执照（成立日期为2016年2月1日）、机构信用代码证；(7）进销存明细表。标记商行提交的进销存明细表显示，标记商行于2014年10月至2015年5月对雪花杏仁酥、xo牛肉粒等产品有入库及出库记录，入库数量为几十至上百，入库单价为8元至20元不等，出库数量与入库数量基本一致，出库单价在入库单价基础上提升1元。

澳人岛公司为成立于2006年4月21日的有限责任公司，登记的经营范围为商业批发、零售（不含许可经营项目）。根据钜记公司提交的核准变更登记通知书，澳人岛公司于2012年10月22日对经营范围、企业名称、法定代表人及股东进行变更登记，变更后股东为李某、黄某标。

对于涉案商品来源问题。澳人岛公司在该案中提供一份委托公证文书，证明香港钜记公司之公司注册证书、公司更改名称证书及商业登记证之复印本与该文件原本相符，其原本属实。根据《公司注册证书》，在香港登记注册有香港钜记公司的公司主体，相关证书于2012年12月发出，证书下方注明：公司名称获公司注册处注册，并不表示获授予该公司名称或其任何部分的商标权或任何其他知识产权。钜记公司出示香港特别行政区知识产权署商标注册处的商标注册证明书，以证明香港钜记公司的澳人手工坊商标（编号302664838）在香港计入注册记录册，该证书下方注明：本证明书不可用于法律程序，或用以取得外地注册。2014 年 10 月 8 日，香港钜记公司出具授权委托书，授权澳人岛公司使用其企业名称及在港编号为 302664838 的商标，使用商品为水果蜜饯、果肉、肉干等食品。对于涉案货物，澳人岛公司提交珠海出入境检验检疫局对其于 2015 年 8 月送检的 xo 牛肉粒、五香牛肉粒、沙爹牛肉片、沙爹牛肉粒、香辣牛肉粒、香辣牛肉片等的检验报告，用以证明货物有合法来源。同时，澳人岛公司提交广州钜记食品有限公司的营业执照、机构信用代码证，认为“钜记食品”在广州注册，并非钜记公司独有的企业名称。根据该营业执照显示，广州钜记食品有限公司为有限责任公司（自然人投资或控股），法定代表人为雷某，成立日期为 2016 年 2 月 1 日，经营范围为批发业。

另查明，钜记公司称上述部分商品在 2013 年 9 月 16 日已出现在珠海市场，其提交一张香山网的网页截图，该截图显示一篇名称为《坑爹的杏仁饼——香港钜记》的文章，在文中显示有澳人手工坊、钜记食品有限公司的杏粒杏仁饼。钜记公司提交一阿里巴巴网站的网页截图，该截图内容显示在 2016 年 8 月 25 日标注钜记食品有限公司的相关牛肉粒等产品在网站中销售。

钜记公司在阿里巴巴知识产权保护系统对包括新天行公司在内的涉嫌侵犯其权利的商家进行投诉，并向阿里巴巴（1688 平台）发送其认为侵权的链接要求平台处理，2015 年 3 月 27 日、5 月 22 日阿里巴巴回复钜记公司称钜记公司投诉的涉嫌侵权链接已删除。

根据钜记公司的 whois 查询记录，阿里巴巴广告公司为 www. 1688. com 网站的运营者。阿里巴巴网络公司称，其系信息发布平台软件服务提供商。根据工商公示信息，阿里巴巴网络公司经营范围为设计、制作、加工计算机网络产品并提供相关技术服务和咨询服务等。阿里巴巴网络公司提供其工商登记信息及（2015）浙杭钱证内字第 16746 号公证书用以证明其主张。阿里巴巴广告公司称，根据（2014）浙杭钱证内字第 13844 号公证书对阿里巴巴广告公司增值电信业务经营许可证（发证日期2013年10月18日，有效期至2017年3月21日）的确认，阿里巴巴广告公司对www.1688.com网站提供增值电信服务，阿里巴巴广告公司称其为信息发布平台的服务提供商。阿里巴巴广告公司提供（2014）浙杭钱证内字第2949号公证书，公证书内容显示在阿里巴巴服务条款中明确阿里巴巴仅提供网络服务，用户对其提供的信息负责，在声明中明示会员的信息由其自行提供。

钜记公司为该案纠纷委托北京德恒（珠海）律师事务所进行相关维权活动，根据委托代理合同及律师费发票，钜记公司支付律师费3万元。

另查明，就王某武经营的"珠海市香洲优尤商行"（个体户，已注销）销售由澳人岛公司代理的印有"钜记"或"钜记食品有限公司"字样的商品事宜，钜记公司起诉王某武、澳人岛公司，珠海市香洲区人民法院立案受理，案号为（2015）珠香法知民初字第1号，在该案中钜记公司要求判决被告立即停止销售印有"钜记"或"钜记食品有限公司"字样的侵权产品（包括但不限于五香牛肉粒、xo肉粒、紫菜肉松蛋卷、六宝肉松蛋卷、咸切鸡仔饼、腰果小酥饼、杏粒杏仁饼等），被告赔偿300万元，被告支付全部维权费用暂计为30500元；被告承担该案全部的诉讼费用。上述款项暂合计3030500元。珠海市香洲区人民法院作出（2015）珠香法知民初字第1号民事判决书，判决如下：(1）澳人岛公司、王某武于判决发生法律效力之日起立即停止销售印有"钜记"或"钜记食品有限公司"字样的产品；(2）澳人岛公司于判决发生法律效力之日起10日内赔偿钜记公司8万元（包括经济损失及合理费用)；(3）王某武于判决发生法律效力之日起10日内赔偿钜记公司3000元（包括经济损失及合理费用)。澳人岛公司及钜记公司不服该判决，上诉至珠海市中级人民法院，珠海市中级人民法院作出（2016）粤04民终2090号民事判决书，判决如下：(1）维持广东省珠海市香洲区人民法院（2015）珠香法知民初字第1号民事判决主文第二、第三判项；(2）变更广东省珠海市香洲区人民法院（2015）珠香法知民初字第1号民事判决主文第一判项为：澳人岛公司、王某武于判决发生法律效力之日起立即停止销售印有"钜记"字样的"咸切鸡仔饼"，澳人岛公司、王某武于判决发生法律效力之日起立即停止销售印有“钜记食品有限公司”字样的 xo 牛肉棒、五香牛肉粒、xo 肉粒、紫菜肉松蛋卷、咸切鸡仔饼、腰果小酥饼、杏粒杏仁饼、六宝肉松蛋卷等食品；（3）撤销广东省珠海市香洲区人民法院（2015）珠香法知民初字第 1 号民事判决关于一审案件受理费负担部分的判决内容；（4）驳回澳人岛公司的上诉请求。一审案件受理费 31144 元，二审案件受理费 31144 元，均由澳人岛公司负担。

在一审法院查明事实的基础上，二审法院另查明，HI FOOD CO.，LIMITED 钜记公司于 2012 年 12 月 6 日在香港成立，黄某标是投资人、股东，李某任董事；2012 年 12 月 27 日，公司变更名称为香港钜记公司。标记商行于 2014 年 1 月 24 日成立，经营者为黄某标。澳人岛公司于 2006 年 4 月 21 日成立，法定代表人为李某，投资人为李某、黄某标。

一审判决

一审法院认为，对于该案是否重复诉讼的问题，虽然澳人岛公司在该案以及（2015）珠香法知民初字第 1 号案两个案件中均作为被告，钜记公司在两案中均要求澳人岛公司停止销售其代理的涉嫌侵权产品并赔偿损失，但上述两个案件在被告一方人员以及诉讼请求方面均不同，两案中钜记公司主张的涉嫌侵权的情形有所不同，当事人间所构成的法律关系亦不同，且案件中涉嫌侵权的产品也有部分不同。虽然钜记公司在（2015）珠香法知民初字第 1 号案的审理中提交公证书作为证据，但该公证书并非作为（2015）珠香法知民初字第 1 号案认定侵权的证据，在该案中亦未对涉嫌侵权的情形进行审查、处理，故该案并不构成重复诉讼，一审法院依法对钜记公司的权属情况、钜记公司主张情形是否构成侵权，以及侵权主体的责任问题等进行审查。

对于钜记公司的商标权及企业名称权权属问题。根据商标注册证，钜记公司为第 3673359 号、第 7835790 号、第 3766251 号、第 3713469 号、第 7835788 号、第 7835789 号、第 8479079 号、第 6926201 号、第 6926200 号商标的权利人，上述商标均在有效期内。而根据澳人岛公司提交的撤销注册商标申请受理通知书以及注册商标撤销申请的决定，钜记公司提交的关于第

3673359 号、第 3713469 号、第 6926200 号、第 8479079 号注册商标连续三年不使用撤销申请的决定，第 3766251 号撤销注册商标复审申请书等，国家商标局已决定钜记公司的第 3673359 号、第 3713469 号、第 6926200 号、第 8479079 号商标不予撤销，故钜记公司仍享有第 3673359 号、第 3713469 号、第 7835789 号、第 8479079 号、第 6926200 号注册商标的商标权，并有权主张相应权利。而对于仍存在争议的第 3766251 号、第 7835790 号商标，使用范围主要为肉松、香肠肉、肉干、水果干、熟水果、水果蜜饯、牛奶制品等。但结合该案中涉嫌侵权商品的类型，对于新天行公司在网上销售的杏粒杏仁饼以及标记商行在店铺中销售的雪花杏仁酥、腰果小酥饼、六宝肉松蛋卷，上述产品与钜记公司第 3673359 号、第 3713469 号、第 7835789 号、第 8479079 号、第 6926200 号注册商标核定使用的第 30 类商品中的杏仁饼等商品，属同类商品；对标记商行在店铺中销售的 xo 牛肉棒、沙爹牛肉棒、麻辣牛肉棒、香酥珍珠肉松、手撕香辣牛肉丝、五香牛肉粒、老陈皮、车厘子等产品，与钜记公司的第 6926201 号注册商标核定使用的第 29 类商品中的牛肉干、腌制水果等商品，属同类商品。该案涉嫌侵权商品均在钜记公司享有商标权的第 3673359 号、第 3713469 号、第 7835789 号、第 8479079 号、第 6926200 号、第 6926201 号注册商标的核定使用范围内，因此，一审对上述产品是否侵犯钜记公司第 3673359 号、第 3713469 号、第 7835789 号、第 8479079 号、第 6926200 号、第 6926201 号注册商标的商标权进行审查。

同时，根据《最高人民法院关于审理不正当竞争民事案件应用法律若干问题的解释》第六条第一款的规定，企业登记主管机关依法登记注册的企业名称，以及在中国境内进行商业使用的外国（地区）企业名称，应当认定为《反不正当竞争法》第五条第（三）项规定的“企业名称”。钜记公司为根据澳门特别行政区相关法律制度登记注册的企业，其企业相关主体信息通过有关公证部门认证。根据钜记公司提交的证据，钜记公司不仅在澳门进行宣传、销售，还在内地多个城市通过展销会形式宣传、销售其产品，因此，钜记公司的商业名称钜记食品有限公司中蕴含着其在中国境内推广其产品所花费的时间、精力、金钱以及一定的企业信誉，该名称应属受《反不正当竞争法》

等法律保护的“企业名称”。

对于澳人岛公司、标记商行、新天行公司、阿里巴巴网络公司、阿里巴巴广告公司的行为是否侵犯钜记公司商标权及企业名称权的问题。首先，对于钜记公司主张的涉嫌侵权的商品，根据该案（2014）粤珠珠海第33760号公证书，新天行公司在阿里巴巴网站上开设的网店中销售杏粒杏仁饼产品，根据一审法院证据保全的图片，标记商行在其经营场所销售xo牛肉棒、沙爹牛肉棒、麻辣牛肉棒、香酥珍珠肉松、手撕香辣牛肉丝、雪花杏仁酥、腰果小酥饼、六宝肉松蛋卷、五香牛肉粒、老陈皮、车厘子等产品。对于上述商品，在包装的显著位置均印有“钜记食品有限公司”字样，而“钜记”二字，对于钜记公司第3673359号、第3713469号、第7835789号、第8479079号、第6926200号、第6926201号注册商标而言，属于最具显著识别作用的构成要素，对于钜记公司的企业名称钜记食品有限公司而言，亦是该名称文字的最重要组成部分。上述商品突出使用了钜记公司上述系列注册商标中最具显著性的文字构成要素，属于侵害钜记公司上述7个系列注册商标专用权的商品。

其次，新天行公司对于其销售行为，提供了标记商行的营业执照及食品流通许可证、进货单以及一份授权书用以证明其商品来源。一审法院认为，新天行公司提交的材料反映其销售的商品源于标记商行，亦反映新天行公司审查了相关商品的权利来源，一审法院结合新天行公司的主体情况，认为新天行公司已尽到相应审查义务，并没有实施不正当竞争行为，不承担因销售侵权商品而产生的赔偿责任，但新天行公司应停止销售涉案印有“钜记食品有限公司”字样的杏粒杏仁饼产品。

再次，标记商行对于其销售行为，其提交的商标注册证书、“钜记食品有限公司（HI FOOD CO.，LIMITED）”在香港的公司注册证书、澳人岛公司的税务登记证、组织机构代码证、营业执照、检验检疫报告等能证明其商品来源。一审法院认为，标记商行提交的材料反映了其与澳人岛公司之间的货物往来关系，亦反映了标记商行审查了相关商品的权利来源。虽然钜记公司提交证据证明标记商行的经营者黄某标在2012年为澳人岛公司的投资者之一，但该案并未有其他证据证明黄某标或标记商行参与生产或制作涉案商品，故综合标记商行的主体情况，一审法院认为标记商行在购进相关货物时已尽到相应审查义务，并没有实施不正当竞争行为，不承担因销售侵权商品而产生的赔偿责任，但标记商行应停止销售涉案印有“钜记食品有限公司”字样的xo牛肉棒、沙爹牛肉棒、麻辣牛肉棒、香酥珍珠肉松、手撕香辣牛肉丝、雪花杏仁酥、腰果小酥饼、六宝肉松蛋卷、五香牛肉粒、老陈皮、车厘子等产品。

又次，对于澳人岛公司，根据新天行公司、标记商行的商品来源，涉案的杏粒杏仁饼、xo牛肉棒等产品源于澳人岛公司。澳人岛公司作为上述商品的“中国总代理”，应对商品的权利来源作严格审查。澳人岛公司称其销售涉案商品已得到其生产者“香港钜记公司”的授权许可，并提交了“香港钜记公司”公司注册证书、商标注册证明书、授权委托书以及珠海澳人岛公司销售的相关产品实物等证据加以证明，同时澳人岛公司提交部分商品的检验检疫报告，用以证明商品来源合法。但检验检疫报告仅能证明澳人岛公司将部分涉案商品送检，其未能提交涉案有关商品入境报关的相关手续，澳人岛公司在该案中提交的证据均不能有效证明其销售的印有“钜记食品有限公司”字样的产品来源于香港钜记公司，故澳人岛公司应承担举证不能的不利法律后果。而且，该案中的杏粒杏仁饼、xo牛肉棒、六宝肉松蛋卷、五香牛肉粒与（2015）珠香法知民初字第1号案件中的证据（2014）粤珠珠海第29295号公证书中显示的产品包装基本一致，上列商品已被（2016）粤04民终2090号民事判决书认定为侵犯钜记公司商标权的产品。故一审认为澳人岛公司销售杏粒杏仁饼、xo牛肉棒、沙爹牛肉棒、麻辣牛肉棒、香酥珍珠肉松、手撕香辣牛肉丝、雪花杏仁酥、腰果小酥饼、六宝肉松蛋卷、五香牛肉粒、老陈皮、车厘子等产品的行为，已侵犯钜记公司商标权，应承担相应民事责任。

钜记食品有限公司同时也是钜记公司的企业名称。澳人岛公司在未经钜记公司许可的情况下，将钜记公司的企业名称“钜记食品有限公司”用于其销售上述侵犯钜记公司商标权商品的外包装上，部分商品在包装上还附有澳门特别行政区的标志建筑“大三巴牌坊”，结合钜记公司的知名度等情况，上述商品的外包装足以引人误认为澳人岛公司与钜记公司存在许可使用等授权关系，导致相关公众对澳人岛公司销售的涉案上述商品的来源产生误认，并因此使得澳人岛公司不正当地获取了比其他竞争者更为有利的地位和利益。澳人岛公司违反了诚实信用原则和公认的商业道德，非法攀附和利用了钜记公司的声誉，以不正当的手段谋取竞争优势，破坏了与其他同业竞争者正常的竞争秩序，构成不正当竞争行为，依法应承担相应的民事责任。

最后，对于阿里巴巴广告公司、阿里巴巴网络公司是否侵权的问题。钜记公司主张上述两公司作为阿里巴巴网站网络服务的提供者，未及时处理其反映的侵权问题，导致钜记公司扩大损失，并要求其对阿里巴巴网站中销售的印有“钜记”或“钜记食品有限公司”字样的侵权产品的所有信息立即采取删除、屏蔽、断开链接等必要措施。阿里巴巴广告公司、阿里巴巴网络公司对于其在阿里巴巴网站的功能定位均提交证据加以说明，但对于钜记公司而言，难以直接根据网站内容或反馈的邮件判断阿里巴巴网站是侵权信息处理的负责单位，且根据阿里巴巴广告公司作为阿里巴巴网站的运营者、阿里巴巴网络公司的网站信息发布平台软件服务提供商，均对阿里巴巴网站中涉嫌侵权信息的处理负有一定的责任，故一审将阿里巴巴广告公司、阿里巴巴网络公司作为一整体对其是否造成钜记公司扩大损失进行审查。

《侵权责任法》第三十六条规定：“网络用户、网络服务提供者利用网络侵害他人民事权益的，应当承担侵权责任。网络用户利用网络服务实施侵权行为的，被侵权人有权通知网络服务提供者采取删除、屏蔽、断开链接等必要措施。网络服务提供者接到通知后未及时采取必要措施的，对损害的扩大部分与该网络用户承担连带责任。”根据该案证据，阿里巴巴网络公司在收到钜记公司的投诉等信息后，已通过电子邮件向钜记公司反馈经审查后对相关链接的处理结果，而钜记公司在信息平台反映的投诉，亦显示阿里巴巴网络公司有进行过回复。而且，钜记公司提交的部分投诉记录，与该案中新天行公司的网店销售无关。同时，钜记公司的其他证据未能反映阿里巴巴广告公司、阿里巴巴网络公司存在未及时采取必要措施处理新天行公司在阿里巴巴网站的销售涉案侵权商品的情况，钜记公司亦无举证证明存在损害扩大的情况及扩大的损失程序，故钜记公司要求阿里巴巴广告公司、阿里巴巴网络公司就扩大损失连带赔偿以及承担赔偿维权费用的相关诉讼请求，一审法院不予支持。对钜记公司要求销售的印有“钜记”或“钜记食品有限公司”字样的侵权产品的所有信息立即采取删除、屏蔽、断开链接等必要措施，就该案的侵权情形，仅为新天行公司的网店销售行为，就其他涉嫌侵权情形，应经一定审查确认程序，钜记公司可提供具体信息给阿里巴巴广告公司、阿里巴巴网络公司要求其按规定协助配合处理。

对于澳人岛公司侵权责任的承担问题。其一，关于停止侵权。在（2016）粤04民终2090号民事判决书已判令要求澳人岛公司立即停止销售印有“钜记食品有限公司”字样的xo牛肉棒、五香牛肉粒、xo肉粒、紫菜肉松蛋卷、咸切鸡仔饼、腰果小酥饼、杏粒杏仁饼、六宝肉松蛋卷等食品，故对于该案中其他侵权商品包括沙爹牛肉棒、麻辣牛肉棒、香酥珍珠肉松、手撕香辣牛肉丝、雪花杏仁酥、腰果小酥饼、老陈皮、车厘子等，澳人岛公司亦应立即停止销售，以停止其侵犯钜记公司商标权行为及对钜记公司的不正当竞争行为。其二，关于赔偿。根据该案证据，钜记公司为该案维权活动支付了律师费、公证费等，有相应合同、票证予以证明，但钜记公司并无证据证明该案涉案商品销售造成的具体损失数额，而从证据上未能反映新天行公司的销售及获利情况，但根据标记商行提交的销售记录，可对相关侵权商品销量进行一定的判断。根据《反不正当竞争法》第二十条的规定，经营者违反该法规定，给被侵害的经营者造成损害的，应当承担损害赔偿责任，被侵害的经营者的损失难以计算的，赔偿额为侵权人在侵权期间因侵权所获得的利润，并应当承担被侵害的经营者因调查该经营者侵害其合法权益的不正当竞争行为所支付的合理费用。因此，一审综合考量澳人岛的侵权情况，酌定澳人岛公司应赔偿钜记公司12万元（含合理费用）。

综上所述，依照《中华人民共和国民法通则》第一百一十八条、第一百三十四条第一款第（一）项、第（七）项，《反不正当竞争法》第五条第（三）项、第九条第一款、第二十条第一款，《最高人民法院关于审理不正当竞争民事案件应用法律若干问题的解释》第六条第一款，《最高人民法院关于民事诉讼证据的若干规定》第十一条第二款的规定，一审法院作出如下判决：(1) 新天行公司于判决发生法律效力之日起立即停止销售印有“钜记”或“钜记食品有限公司”字样的杏粒杏仁饼等食品；(2) 标记商行于判决发生法律效力之日起立即停止销售印有“钜记”或“钜记食品有限公司”字样的xo 牛肉棒、沙爹牛肉棒、麻辣牛肉棒、香酥珍珠肉松、手撕香辣牛肉丝、雪花杏仁酥、腰果小酥饼、六宝肉松蛋卷、五香牛肉粒、老陈皮、车厘子等食品；(3) 澳人岛公司于判决发生法律效力之日起立即停止销售印有“钜记”或“钜记食品有限公司”字样的沙爹牛肉棒、麻辣牛肉棒、香酥珍珠肉松、手撕香辣牛肉丝、雪花杏仁酥、腰果小酥饼、老陈皮、车厘子等产品；(4) 澳人岛公司于判决发生法律效力之日起 10 日内赔偿钜记公司 12 万元（包括经济损失及合理费用)；(5) 阿里巴巴网络公司、阿里巴巴广告公司于判决发生法律效力之日起立即对新天行公司在阿里巴巴网站（www. 1688. com）上进行销售的印有“钜记”或“钜记食品有限公司”字样的杏粒杏仁饼等食品的所有信息采取删除、屏蔽、断开链接等必要措施；(6) 驳回钜记公司其他诉讼请求。如果未按判决指定的期间履行给付金钱义务，应当依照《民事诉讼法》第二百五十三条之规定，加倍支付迟延履行期间的债务利息。该案一审受理费 32544 元，由澳人岛公司负担。

二审判决

广东省珠海市中级人民法院认为，该案系侵害商标权纠纷。针对上诉人钜记公司的上诉请求和被上诉人标记商行、阿里巴巴广告公司的答辩意见，该案的争议焦点为：(1) 标记商行对销售的印有“钜记食品有限公司”字样的食品是否构成侵害商标权和不正当竞争，应否与澳人岛公司共同承担侵权责任；(2) 阿里巴巴网络公司及阿里巴巴广告公司应否对通知后未及时采取措施所造成的损失扩大部分与澳人岛公司、标记商行承担连带责任；(3) 原审判决的赔偿数额是否合理，钜记公司的全部合理维权开支是否应予支持。

针对上述焦点，二审法院分别评述如下：

第一，标记商行对销售的印有“钜记食品有限公司”字样的食品是否构成侵害商标权和不正当竞争，应否与澳人岛公司共同承担侵权责任，并赔偿经济损失。上诉人钜记公司上诉提出标记商行的实际经营者是黄某标，标记商行抗辩销售的涉案产品来源于澳人岛公司，而澳人岛公司的投资人为李某、黄某标。涉案商品的生产商是香港的钜记食品有限公司（HI FOOD CO.，LIMITED），该公司的投资人、股东也是黄某标，李某任董事。该案澳人岛公司、标记商行实际上由同一批实际控制人控制，分工明确，各司其职，建立了跨粤港澳侵权网络。因此，标记商行与澳人岛公司有共同侵权故意，也有共同侵权的行为，应当承担连带责任。标记商行答辩称标记商行是独立注册的经营主体，与黄某标个体存在一定的区别，几个被告主体之间是否存在混同或关联不是判断标记商行是否承担赔偿责任考虑的因素或标准。不同主体之间存在关联与是否构成共同侵权是两个不同的问题。

经查，根据《反不正当竞争法》第五条第（三）项的规定[1]，经营者擅自使用他人的企业名称或者姓名，引人误认为是他人商品的行为，构成不正当竞争行为。其中的引人误认，是指足以使相关公众对商品的来源生产误认，包括误认为与知名商品的经营者具有许可使用、关联企业关系等特定联系的情形。该案中，标记商行销售印有“钜记食品有限公司”的 xo 牛肉棒、沙爹牛肉棒、麻辣牛肉棒、香酥珍珠肉松、手撕香辣牛肉丝、雪花杏仁酥、腰果小酥饼、六宝肉松蛋卷、五香牛肉粒、老陈皮、车厘子等食品。对于上述商品，在包装的显著位置均印有“钜记食品有限公司”字样。而“钜记”二字，对于钜记公司第 3673359 号、第 3713469 号、第 7835789 号、第 8479079 号、第 6926200 号、第 6926201 号注册商标而言，属于最具显著识别作用的构成要素；对于钜记公司的企业名称钜记食品有限公司而言，亦是该名称文字最重要的组成部分。上述商品突出使用了钜记公司上述系列注册商标中最具显著性的文字构成要素，属于侵害钜记公司上述 7 个系列注册商标专用权的商品。标记商行销售印有“钜记食品有限公司”字样的 xo 牛肉棒、沙爹牛肉

[1] 该案适用 1993 年《反不正当竞争法》，该法后于 2017 年、2019 年两次修正，该规定调整为第六条第（二）项。

棒、麻辣牛肉棒、香酥珍珠肉松、手撕香辣牛肉丝、雪花杏仁酥、腰果小酥饼、六宝肉松蛋卷、五香牛肉粒、老陈皮、车厘子等食品。

钜记食品有限公司同时也是澳门钜记公司的企业名称。澳人岛公司在未经澳门钜记公司许可的情况下，将澳门钜记公司的企业名称“钜记食品有限公司”用于其销售涉案被控侵权产品外包装上，引人误认为澳人岛公司与澳门钜记公司存在许可使用等授权关系，导致相关公众对澳人岛公司销售的涉案被控侵权产品的来源产生误认，并因此而不正当地获取了比其他竞争者更为有利的地位和利益。澳人岛公司违反了诚实信用原则和公认的商业道德，非法攀附和利用了澳门钜记公司的声誉，以不正当的手段谋取竞争优势，破坏了与其他同业竞争者正常的竞争秩序，构成不正当竞争行为。而标记商行的经营者黄某标就是提供涉案商品的澳人岛公司的投资人，故标记商行销售的印有“钜记食品有限公司”上述涉案产品的行为，构成不正当竞争。一审法院认定标记商标没有实施不正当竞争行为，认定有误，二审法院予以纠正。

根据《商标法》第六十四条第二款的规定，销售不知道是侵犯商标专用权的商品，能证明该商品是自己合法取得并说明提供者的，不承担赔偿责任。《中华人民共和国商标法实施条例》（以下简称《商标法实施条例》）第七十九条对合法来源的情形作了具体规定：“（一）有供货单位合法签章的供货清单和货款收据且经查证属实或供货单位认可的；（二）有供销双方签订的进货合同且经查证已真实履行的；（三）有合法进货发票记载事项与涉案商品对应的；（四）其他能证明合法取得涉案商品的情形。”

在该案中，标记商行的经营者黄某标就是提供涉案商品的澳人岛公司的投资人，黄某标也是涉案商品的生产商（香港）钜记食品有限公司（HI FOOD CO. , LIMITED）的股东和投资人，故标记商行销售该涉案的印有“钜记食品有限公司”字样的商品时其明知并非是上诉人钜记公司生产的商品。标记商行、澳人岛公司、香港钜记公司存在高度关联性和人格混同，其实质是三方组成生产、销售涉案侵权产品的共同体，故标记商行合法来源抗辩不能成立。上诉人钜记公司的该上诉请求有事实和法律依据，二审法院予以支持。

第二，阿里巴巴网络公司及阿里巴巴广告公司应否对所造成的损失扩大部分与澳人岛公司、标记商行承担连带责任。钜记公司上诉提出阿里巴巴网络公司及阿里巴巴广告公司作为网络服务提供商，明知澳人岛公司、标记商行以及其他用户存在侵犯商标专用权及不正当竞争行为，经通知后未及时采取措施，应对所造成的损失扩大部分与澳人岛公司、标记商行承担连带责任。经查，根据《侵权责任法》第三十六条的规定："网络用户、网络服务提供者利用网络侵害他人民事权益的，应当承担侵权责任。网络用户利用网络服务实施侵权行为的，被侵权人有权通知网络服务提供者采取删除、屏蔽、断开链接等必要措施。网络服务提供者接到通知后未及时采取必要措施的，对损害的扩大部分与该网络用户承担连带责任。"根据该案证据，阿里巴巴网络公司在收到钜记公司的投诉等信息后，已通过电子邮件向钜记公司反馈经审查后处理相关链接的结果，而钜记公司在信息平台反映的投诉，阿里巴巴网络公司亦有进行过回复。而钜记公司提交的部分投诉记录，与该案中新天行公司的网店销售无关。同时，钜记公司的证据未能证明阿里巴巴广告公司、阿里巴巴网络公司存在未及时采取必要措施处理新天行公司在阿里巴巴网站的销售侵权商品的情况，以及存在损害扩大的情况，钜记公司上诉要求阿里巴巴广告公司、阿里巴巴网络公司就扩大损失承担连带赔偿的请求，二审法院不予支持。

第三，一审判决的赔偿数额是否合理，钜记公司的全部合理维权开支是否应予支持。

钜记公司上诉提出原审判决没有考虑到其商标所具有的极高知名度和商业价值，也没有考虑到其公司为维权支付的巨大成本，更没有考虑到澳人岛公司及标记商行从事商标权侵权及不正当竞争的主观恶意，侵权行为的严重性，所判决的赔偿数额过低，其判决未支持全部的合理维权开支。依照新修订的《商标法》（2019 年 11 月 1 日施行）第六十三条的规定："侵犯商标专用权的赔偿数额，按照权利人因被侵权所受到的实际损失确认；实际损失难以确定的，可以按照侵权人因侵权行为所获得的利益确定；权利人的损失或者侵权人获得的利益难以确定的，参照该商标许可使用费的倍数合理确认。

对恶意侵犯商标专用权，情节严重的，可以在按照上述方法确定数额的一倍以上五倍以下确定赔偿数额。赔偿数额应当包括权利人为制止侵权行为所支付的合理开支……权利人因被侵权所受到的实际损失、侵权人因侵权所获得的利益、注册商标许可使用费难以确定的，由人民法院根据侵权行为的情节判决给予五百万元以下的赔偿。”新修订的《商标法》加重了对恶意侵犯商标专用权的惩处，将恶意侵犯商标专用权的侵权赔偿数额计算倍数由1倍以上3倍以下提高到1倍以上5倍以下，并将法定赔偿数额上限从300万元提高到500万元。在确定该案的赔偿数额时应考虑以下方面。首先，标记商行的经营者黄某标就是提供涉案商品的澳人岛公司的投资人，也是涉案商品的生产商香港钜记公司的股东和投资人，标记商行、澳人岛公司有共同侵犯商标权的故意，分工明确，各司其职，建立了产、供、销一条龙的侵权模式，主观恶意明显。其次，上诉人钜记公司没有提供证据证明其实际损失，被上诉人标记商行亦没有提交证据证实其因侵权获利数额，根据《最高人民法院关于审理商标民事纠纷案件适用法律若干问题的解释》第十四条的规定，可以依据被上诉人标记商行、澳人岛公司实际销售的侵权商品的销售数量、售价和利润等情况计算得出。虽然没有关于被上诉人标记商行、澳人岛公司商品的实际销售数量证据，但根据被上诉人标记商行一审提交进销明细表证实仅2014年12月就有132011.1元销售额，虽标记商行抗辩销售额并非均是澳人岛公司提供的涉案产品，但可以看出销售数额大。最后，上诉人钜记公司在澳门手信业居于领先地位，其悠久的历史、良好的信誉及高质量的产品所凝聚的企业商誉深入人心，“钜记食品有限公司”商号、“钜记”商标在国内外，尤其在粤港澳地区具有较高的知名度。

综上，一审酌定确定澳人岛公司赔偿经济损失包括合理费用12万元明显过低，上诉人钜记公司的该上诉请求有事实和法律依据，二审法院予以支持。二审法院根据该案标记商行和澳人岛公司的侵权行为性质、期间、后果，商标的声誉等及钜记公司为制止侵权行为的合理开支等因素综合确定赔偿数额为人民币50万元。

二审法院根据《民事诉讼法》第一百七十条第一款第（二）项的规定，

判决如下：(1) 维持广东省珠海市香洲区人民法院（2015）珠香法知民初字第21号民事判决第一、二、三、五、六项。(2) 变更广东省珠海市香洲区人民法院（2015）珠香法知民初字第21号民事判决第四项为：澳人岛公司、标记商行于本判决发生法律效力之日起10日内赔偿钜记公司50万元（包括经济损失及合理费用）；如果未按判决指定的期间履行给付金钱义务，应当依照《民事诉讼法》第二百五十三条之规定，加倍支付迟延履行期间的债务利息。(3) 驳回钜记公司的其他上诉请求。一审案件受理费人民币32544元，由澳人岛公司、标记商行负担。二审案件受理费人民币30327.87元，由澳人岛公司、标记商行负担。

案例解析

该案是一起典型的涉及商标法来源抗辩适用的纠纷诉讼，该案的争议焦点为：一是被告标记商行对销售的印有"钜记食品有限公司"字样的食品是否构成侵害商标权和不正当竞争，应否与被告澳人岛公司共同承担侵权责任；二是被告阿里巴巴网络公司及阿里巴巴广告公司应否对通知后未及时采取措施所造成的损失扩大部分与被告澳人岛公司、标记商行承担连带责任；三是一审基于法定赔偿计算出的赔偿数额是否合理。上述三个案件争议焦点分别涉及合法来源抗辩制度、帮助侵害商标权的赔偿责任以及法定赔偿计算方式的适用，现结合该案，就以上三点再作简要的分析。

《商标法》第六十四条第二款规定了合法来源抗辩制度。该制度是指，销售不知道是侵犯注册商标专用权的商品，能证明该商品是自己合法取得并说明提供者的，不承担赔偿责任。《商标法实施条例》（2014年）第七十九条对"合法取得"的情形作了类型化说明：(1) 有供货单位合法签章的供货清单和货款收据且经查证属实或者供货单位认可的；(2) 有供销双方签订的进货合同且经查证已真实履行的；(3) 有合法进货发票且发票记载事项与涉案商品对应的；(4) 其他能够证明合法取得涉案商品的情形。

在商标法的语境下，合法来源抗辩制度的实质是侵害注册商标专用权商品的销售者所享有的对抗注册商标专用权人赔偿请求的抗辩权。合法来源抗辩仅能使被诉销售者不承担赔偿责任，但不豁免停止侵害的责任。依照《商标法》第六十四条第二款的规定，这项抗辩权的产生，需要同时具备客观与主观要件。❶

客观要件包括两个：一个是来源合法，另一个是来源明确。来源合法要件意指，被诉的销售者是通过与前手的合法交易取得了被控侵害注册商标专用权的商品。该要件的重点有三个：首先，被诉的销售者与特定主体之间存在有效的合同关系；其次，双方交易的标的物是被控侵害注册商标专用权的商品；最后，被诉的销售者取得了被控侵害注册商标专用权的商品，也即双方当事人依约履行了合同。与之相应，为证明该要件成立，提出合法来源抗辩的销售者必须举出书面合同等表明存在合同关系的证据，证明交易标的物就是被控侵害注册商标专用权商品的证据，以及送货或收货凭证、支付凭证如发票、转账记录等表明双方实际履行合同的证据。该要件的证明标准要根据被诉销售者的经营规模、财务制度的规范程度而有所区别。来源明确要件是指被诉的销售者必须说明提供者。说明提供者，必须达到能够明确交易对象、前手具体身份的程度，不能仅提供产品来源线索。之所以要规定来源明确这一要件，是因为虽然在无权处分的情境下，立法者在权利人与善意受让人的冲突利益之间优先保护了善意受让人的利益，但并不意味着权利人的利益就完全不予考虑。设立来源明确要件，能帮助注册商标专用权人查清侵权源头，亦不会过于加重销售者的负担。主观要件即“不知道”。司法实践将“不知道”要件界定为不知且不应知。就《著作权法》下的合法来源抗辩而言，“不知道”具体是指被诉的销售者事实上不知道与之交易的对方当事人为无权处分人，而且也没有义务去查明与之交易的对方当事人是否为无权处分人。不知易于判断，被诉的销售者应不应知则是难点所在。被诉的销售者应不应知取决于其应否负有事实查明义务，而被诉的销售者应否负有事实查明

❶ 以下关于合法来源抗辩构成要件的论述，主要参考：陈中山．合法来源抗辩的审查认定［J］．人民司法，2019（28）．

义务，则取决于以下两个因素的权衡：一个是被诉的销售者查明与之交易的对方当事人是否为无权处分人的成本，另一个是查明前述事实所能避免的损失。调查成本越低，查明事实所能避免的损失越大，则负有事实查明义务的可能性越大；反之则反。这两个因素反过来又取决于诸如抗辩者的主体性质、被控侵权产品的特点等因素。[1] 当提出合法来源抗辩的被诉销售者与前手存在关联关系时，应特别注意判断主观要件是否满足。该案就属于这种情形。被诉的标记商行的实际经营者为黄某标，而黄某标同时也是标记商行的前手澳人岛公司以及澳人岛公司的前手香港钜记公司的投资人。二审法院即基于被告之间的关联关系否定了被告标记商行已尽审查义务的主张，进而否定了其提出的合法来源抗辩诉请。基于不知道的要件的消极事实属性，该要件一般由权利人负担证明责任，由权利人证明被诉发行者、出租者明知或者（不明知但）应当知道。

[1] 陈中山．合法来源抗辩的审查认定［J］．人民司法，2019（28）：39.

9 侵害商标权的判断

——克里斯提·鲁布托诉深圳市腾讯计算机系统有限公司、欧阳某侵害商标权纠纷案

裁判要旨

考虑到《商标法》的强保护与《反不正当竞争法》的补充性、兜底性，对被告的同一行为，在已认定构成商标侵权的情况下，不再同时适用《反不正当竞争法》予以调整。

侵害商标权法定赔偿数额的确定，应综合考虑被侵权商标的知名度、侵权行为的性质、侵权行为的时间长短以及原告为制止侵权行为所花费的合理开支等因素。

入选理由

该案是一起典型的侵害商标权纠纷案件。该案综合考量了被告的侵犯注册商标专用权行为和不正当竞争行为。该案中涉及近年来多种新型的侵权方式，打击了被告企图利用微商平台、手机 APP、独立网站等隐蔽性较强的销售假货渠道逃避责任的可能性。该案利用时间戳取证和公证取证相结合的方式在保障证明力度的同时降低了维权成本。

根据国务院办公厅《2017 年全国打击侵犯知识产权和制售假冒伪劣商品工作的要点》，要以打击侵权假冒、虚假宣传等违法行为为重点，加大互联网

领域侵权假冒治理力度。该案正是在这样的背景下运用《商标法》《反不正当竞争法》一主一辅的结合，在打击侵权假冒、虚假宣传行为的同时达到了良好的效果。

案例索引

一审案号：广东省深圳市南山区人民法院（2018）粤0305民初20928号

二审案号：广东省深圳市中级人民法院（2019）粤03民终11445号

基本案情

上诉人（一审被告）：欧阳某

被上诉人（一审原告）：克里斯提·鲁布托（Christian Louboutin）

一审被告：深圳市腾讯计算机系统有限公司（以下简称“腾讯公司”）

一审诉请

克里斯提·鲁布托向一审法院起诉请求：（1）判令二被告立即停止销售侵犯原告注册商标专用权及不正当竞争的行为，销毁库存商品；（2）判令被告欧阳某赔偿原告经济损失及制止侵权行为所支付的合理开支共计30万元人民币；（3）判令被告腾讯公司删除微信号“××××××××2016”上展示的侵权产品相关链接；（4）判令二被告承担该案全部诉讼费用。

事实与理由：原告是世界上最有名的奢侈品设计师之一，原告的作品主要有男士和女士的鞋子、手袋、包和小皮制品等，原告将其所创造的所有鞋子底部都涂成了红色，并将其个人签名以商标、特有装潢、外观设计专利、美术作品的形式应用于其作品上。原告于1991年创办了Christian Louboutin品牌，该品牌现已成为世界知名的奢侈品鞋履生产商，在全世界60多个国家开设了专卖店。（1）二被告实施了侵犯原告注册商标的专用权的行为。原告依法享有第G914687号“”、第10854528号、第G1013915号“”、第 G787268 号“CHRISTIAN LOUBOUTlN”、第 10722809 号五个注册商标的专用权。原告经商标局核准，已取得第 G914687 号“”（有效期限自 2017 年 1 月 29 日至 2027 年 1 月 29 日）、第 10854528 号（有效期限自 2016 年 1 月 14 日至 2026 年 1 月 13 日）、第 G1013915 号“”（有效期限自 2009 年 9 月 7 日至 2019 年 9 月 7 日）、第 G787268 号“CHRISTIAN LOUBOUTIN”（有效期限自 2012 年 6 月 28 日至 2022 年 6 月 28 日）、第 10722809 号（有效期限自 2013 年 3 月 6 日至 2023 年 6 月 6 日）商标（下称“原告注册商标”的专用权，核定使用商品均为第 25 类的“服装；鞋（脚上空着物）；帽子；运动鞋；跑鞋；田径用钉鞋；足球鞋；体操鞋”等。被告欧阳某在未经原告授权许可的情况下，擅自在其运营的网站 www. 3wcc. com、APP Store 软件“东西购”、微信号“××××××××2016”“××××××××2008”“××××××××666”的朋友圈上许诺销售、销售侵犯原告上述五个注册商标的鞋类产品。被告腾讯公司作为微信网络平台的运营者，应当保护原告依法享有的知识产权，通过其自身拥有的技术手段，依法承担相应的管理义务，积极制止被告欧阳某的恶意侵权行为，维护原告的合法权益。(2) 被告欧阳某对原告实施了不正当竞争行为。其在经营活动中，采用下列不正当竞争的手段侵犯原告合法权益：其一，大量展示抄袭原告款式设计的鞋子，引导消费者误认被告欧阳某与原告存在关联关系；其二，擅自使用与原告有一定影响力的商品包装相同的标识并对产地进行虚假宣传。原告是源自法国的奢侈品牌，并未授权被告进行加工生产。被告欧阳某的产品和包装上使用与原告相同或近似的标识、设计，并在产品和鞋盒上标注“Paris”，对产地进行了虚假的宣传，欺骗、误导消费者。其三，擅自使用原告官网中的网页内容（新闻报道等）。被告欧阳某未经允许，大量抄袭原告官方网站的文章报道，并在文章后注明“东西购科技有限公司，版权所有！如未注明，均为原创！转载请注明……”被告所有的转载内容均未注明文章是来自原告官方网站，被告欧阳某的行为构成对原告的不正当竞争。(3) 被告欧阳某商标侵权、不正当竞争行为给原告造成了严重的经济损失。原告作为高端奢侈品牌，产品销售价格每双 1 万元左右。

被告欧阳某进行大规模的销售行为，长期对原告实施商标侵权、不正当竞争行为，使用多种侵权手段（微信、独立网站、苹果及安卓系统 APP 等）在市场上销售假冒原告品牌的鞋子，侵占原告的市场份额，给原告的品牌形象、商业信誉带来了严重损害。同时，原告为制止被告欧阳某的商标侵权及不正当竞争行为支出了大量的费用。被告欧阳某应对原告受到的经济损失予以赔偿。综上所述，被告欧阳某在商事活动中，无视法律规定，肆意侵犯原告的合法权益，致使原告遭受经济损失。因此克里斯提·鲁布托提起该案诉讼，以维护自身的合法权益。

案件事实

一审法院经审理查明：经国家商标局核准，CHRISTIAN LOUBOUTIN 依法注册以下商标：（1）第 G914687 号“ ”商标，核定使用商品为第 25 类，包括鞋子（截止），注册有效期自 2017 年 1 月 29 日至 2027 年 1 月 29 日；（2）第 10854528 号商标，核定使用商品为第 25 类，包括服装、鞋等，注册有效期自 2016 年 1 月 14 日至 2026 年 1 月 13 日；（3）第 G1013915 号“ ”商标，核定使用商品为第 25 类，包括鞋子（矫形用鞋除外）（截止），注册有效期自 2009 年 9 月 7 日至 2019 年 9 月 7 日；（4）第 G787286 号“CHRISTIAN LOUBOUTIN”商标，核定使用商品为第 25 类，包括服装、鞋和帽子，注册有效期自 2012 年 6 月 28 日至 2022 年 6 月 28 日；（5）第 G902955 号商标，核定使用商品为第 25 类，包括鞋子（矫形用鞋除外）等，注册有效期自 2016 年 8 月 29 日至 2026 年 8 月 29 日。

原告提交了百度百科网站上关于“克里斯提·鲁布托”品牌介绍的网络打印件、该品牌官方微博、微信内容打印件、各时尚媒体微博中关于明星出席活动穿搭该品牌报道内容的打印件，证原告通过在时尚杂志期刊、互联网报道、名人代言、举办推广活动、参加电影节、在影视作品中推广、开设销售等方式在全国范围内长年地持续性宣传“Christian Louboutin”品牌和涉案商标，并突出红色鞋底设计，涉案商标和“Christian Louboutin”品牌以及

“CL”“红底鞋”的称呼已经成为相关公众识别产品来源的标识，具有较强的显著性和较高的知名度。

2016—2018 年，原告通过启动刑事诉讼、民事诉讼及行政处罚等程序，对多起侵害“Christian Louboutin”品牌商标权的行为进行了维权。

原告委托广东敦和律师事务所处理有关法律事务，2018 年 1 月 18 日，广东敦和律师事务所指派孙某国向广东省广州市海珠公证处申请对其通过互联网浏览相关网页页面并进行相关操作的行为进行保全证据，同时办理公证。在该公证处公证员卢某珊和工作人员黄某的全程监督下，由孙某国利用该公证处计算机进行了操作，广东省广州市海珠公证处据此于 2018 年 2 月 8 日出具（2018）粤广海珠第 4696 号公证书。根据该公证书及其附件，孙某国打开 Internet Explorer 浏览器，删除历史浏览记录，在地址栏中输入 www. 3wcc. com，键入回车键，进入到页面，在该页面中点击“Christian Louboutin 克里斯提·鲁布托”，进入新的页面，出现“Christian Louboutin”品牌女鞋的介绍，在该页面中点击“Christian Louboutin4. 5cm 低跟鞋”，出现该款鞋子的图片，再点击“Christian Louboutin 流苏铆钉松糕厚底”，出现该款鞋子的图片。从图片上看，该二款鞋子的鞋盒和防尘袋上均标有“ ”标识，“Christian Louboutin 流苏铆钉松糕厚底”鞋子的鞋底还标有“ ”标识，所附卡片上标有标识；在上一页面中点击“微信一键转发”APP——东西购，出现下载手机 APP 的下载方式和二维码，并留有客服微信。

2018 年 1 月 18 日，广东敦和律师事务所指派孙某国向广东省广州市海珠区公证处申请对其使用相关移动电话通过互联网登录微信浏览相关内容、进行文字聊天的过程进行保全证据，并办理公证。在该公证处公证员卢某珊和工作人员黄某的全程监督下，由孙某国使用该公证处移动电话连接到该公证处无线网络后进行了操作，广东省广州市海珠公证处据此于 2018 年 2 月 8 日出具（2018）粤广海珠第 4697—4699 号公证书。根据上述三份公证书及其附件：(1) 孙某国使用手机登录微信，查看通讯录中名为“AO 刘备_欧阳某_男装男鞋”的联系人于 2017 年 11 月 7 日 03：47 发布的朋友圈内容，标题为

“Christian Louboutin 2017 秋冬新款休闲女鞋红底 水钻系列”，所配图片为一双女式鞋子背景上使用“”标识；（2）孙某国发微信向“AO 刘备_欧阳某_男装男鞋”购买上述女鞋一双，并通过微信向其转账人民币 370 元；（3）“AO 刘备_欧阳某_男装男鞋”将上述鞋子的发货邮单照片通过微信发送给孙某国，显示收件人为孙先生，发件人为欧阳某。

2018 年 1 月 22 日，孙某国到广东省广州市海珠公证处，称因早前以其名义通过互联网向有关商家订购了有关货物，该商家使用快递送货方式将订购的货物送达到其指定的地点，故向该公证处申请对其收到的有关快递包裹的客观情况进行保全证据，并办理公证。同日，一位快递员来到指定地点。在公证员卢某珊和公证处工作人员黄某的监督下，孙某国随即拆开上述包裹，黄某在现场对上述包裹内包物品进行了拍照，拍完照后，由公证处工作人员使用公证处封条将物品密封，交申请人收执，广东省广州市海珠公证处据此于 2018 年 2 月 8 日出具（2018）粤广海珠第 4700 号公证书。根据该公证书及所附实物：（1）该快递单与（2018）粤广海珠第 4699 号公证书中“AO 刘备_欧阳某_男装男鞋”通过微信发送给孙某国的发货邮单内容一致；（2）该快递包裹内为一双女鞋，鞋盒上、防尘袋上、包装纸上、发票上、鞋内底部和鞋外底部均标有“”标识；盛装发票的卡片上印有标识；鞋盒一侧使用了标识；鞋外底涂成红色，印有不完整的字母，两只鞋底摆放在一起组成“”图形。

2018 年 3 月 7 日，广东敦和律师事务所接受原告委托，指派张某飞至广东省广州市海珠公证处申请对其使用相关移动电话通过互联网登录微信浏览相关内容的过程进行保全证据，并办理公证，当着公证员林某宁和公证处工作人员黄某的面，由张某飞使用公证处移动电话连接到公证处无线网络后进行了相关操作，广东省广州市海珠公证处于 2018 年 3 月 12 日制作（2018）粤广海珠第 7157、7158 号公证书。根据上述两份公证书及其附件：（1）通过手机登录微信，点击添加朋友，在出现的界面“微信号/QQ 号/手机号”一栏中输入“××××××616”，点击“搜索××××××616”，出现该联系人的搜索结果，其个性签名为“这个微信以后更新女装女鞋，男装转移到微信××××××××2016”，点击“更多”，显示该联系人名称为“AO 刘备_欧阳某_女装女鞋”，微信号为“×××××××××2008”；（2）通过手机登录微信，点击添加朋友，在出现的界面“微信号/QQ 号/手机号”一栏中输入“×××××561”，点击“搜索×××××561”，该联系人名称为“刘备鞋业—支付宝××××××616@qq. com”，微信号为“×××××××××666”。

2018 年 1 月 25 日，广东敦和律师事务所接受原告委托，指派张某飞至广东省广州市海珠公证处申请对其使用相关移动电话通过互联网登录微信浏览相关内容的过程进行保全证据，并办理公证，当着公证员卢某珊和公证处工作人员黄某的面，由张某飞使用公证处移动电话连接到公证处无线网络后，进行了相关操作，广东省广州市海珠公证处于 2018 年 2 月 8 日出具（2018）粤广海珠第 4702、4703 号公证书。根据上述两份公证书及其附件显示：（1）张某飞使用手机登录微信，查看通讯录中名为“AO 刘备_欧阳某_女装女鞋”的联系人于 2017 年 11 月 20 日 02：29 发布的朋友圈内容，标题为“Christian Louboutin CL 中筒弹力靴”，所配图片为一双女式鞋子，鞋盒上使用了“Christian Louboutin”标识；（2）张某飞使用手机登录微信，查看通讯录中名为“刘备鞋业—微信不收款”的联系人于 2017 年 9 月 22 日 03：02 发布的朋友圈内容，文字内容包括“品牌：Christian Louboutin”等，所配图片为一双女式鞋子，鞋底使用了“Christian Louboutin”标识。

2018 年 1 月 25 日和 2018 年 1 月 31 日，广东敦和律师事务所接受原告委托，指派张某飞至广东省广州市海珠公证处申请对其使用相关移动电话通过互联网登录微信浏览相关内容和通过互联网下载相关软件的过程进行保全证据，并办理公证。在公证员卢某珊和公证处工作人员黄某的现场监督下，张某飞使用公证处移动电话连接到公证处无线网络后进行了相关操作，广东省广州市海珠公证处据此制作（2018）粤广海珠第 4704、4705、4862、4863、4876 号公证书，根据上述公证书及其附件：（1）通过手机进入“www. 3wcc.

com/sample - page - 2”网站，下载并在手机上安装“东西购”APP；（2）通过微信向联系人“AO 刘备_欧阳某_女装女鞋”发送消息，要求“AO 刘备_欧阳某_女装女鞋”帮其激活东西购账号“JFG666”；（3）打开手机上已安装的“东西购”APP，输入账号“JFG666”和密码，点击“登录”，在“选择适用人群”栏中选中“女士”，在“选择产品品牌”栏中选中“CL”，再点击“查询商品”，在所得新界面中点击“编号：72051”，内容为一款高跟鞋，从照片上看，鞋盒与鞋内底部均标有“ ”标识；（4）打开手机上已安装的“东西购”APP，输入账号“JFG666”和密码，点击“登录”，在“选择适用人群”栏中选中“女士”，在“选择产品品牌”栏中选中“CL”，再点击“查询商品”，在所得新界面中点击“编号：72049”，内容为一款高跟鞋，从照片上看，鞋盒上标有“ ”标识。

2018 年 4 月 16 日，张某飞通过联合信任时间戳服务中心取证，对 www. 3wcc. com 网站上展示的（Christian Louboutin）CL 经典爆款休闲鞋、Christian Louboutin 克里斯蒂娜·鲁布托漆皮系列 10. 5cm 侧镂空高跟鞋、Christian Louboutin 克里斯蒂娜·鲁布托鞋头铆钉系列 6. 5cm 高跟鞋、Christian Louboutin 克里斯蒂娜·鲁布托鞋口铆钉系列平底鞋、Christian Louboutin 克里斯蒂娜·鲁布托满钻系列 6. 5cm 高跟鞋、CL 红底鞋、Christian Louboutin4. 5cm 低跟鞋、色彩满分 Christian Louboutin 今夏新款满钻单鞋、Christian Louboutin17 秋冬新款高跟单鞋、Christian Louboutin 单鞋、CL 彩虹系列、2017 新款 CL 红底鞋、Christian Louboutin 流苏铆钉松糕厚底单鞋、CL 红底鞋情侣款、CL 红底渔夫鞋、CL 红底鞋花卉平底鞋、CL 红底鞋 7cm 真皮底漆皮单鞋、CL 红底鞋 6cm 真皮底子、CL 红底鞋 9cm 高跟鞋幻彩烫钻、CL 尖头红底高跟鞋、CL 钉子高跟凉鞋、（Christian Louboutin）2015 秋冬最新推荐、2014 Christian Louboutin 重质感磨砂粉红高跟鞋、Christian Louboutin 小恶魔系列等 27 双鞋子进行了浏览，从该网站照片上可以看出，上述 27 双鞋子，鞋盒和鞋内底部使用了“ ”标识。

2018 年 4 月 17 日，张某飞通过联合信任时间戳服务中心取证，对 www. 3wcc. com 网站上所发布的 35 篇关于 Christian Louboutin 品牌动态的文章进行了浏览，每篇文章后面均标注“未经注明，均为原创”。原告称上述文章均抄袭至其官方网站，并提交了其官方网站相关内容的打印件予以证实。

张某飞还通过联合信任时间戳服务中心取证，对登录微信并查看联系人发布的朋友圈内容、下载软件并查软件展示内容进行了证据固定，具体如下：(1) 搜索微信号为“××××××××2008”、微信名称为“AO 刘备_欧阳某_接单号”的联系人发布的朋友圈中包括“软件”一词的内容，显示“AO 刘备_欧阳某_接单号”于 2018 年 4 月 16 日发布了一则关于“东西购”软件下载的方式，通过该方式分别在苹果手机和安卓系统手机上下载“东西购”软件，下载完成后打开软件，输入账号和密码登录，选择产品品牌“CL”，再点击“查询商品”，对出现的商品图片进行查看，所有商品的鞋盒、鞋内底部也鞋底均使用了“”标识，鞋底均为红色，部分鞋内卡片上还使用了标识，部分鞋底还印有不完整的字母，两只鞋底摆放在一起组成“”图形，每双鞋子都标注了价格、品质、码数和颜色等信息；(2) 张某飞与“AO 刘备_欧阳某_接单号”的微信聊天内容，张某飞要求为其激活东西购账号“JFG666”，“AO 刘备_欧阳某_接单号”回复“好的”“可以了”；(3) 微信号为“××××××××2016”、微信名称为“AO 刘备_欧阳某_男装男鞋”的联系人发布的朋友圈中，展示有多款“CL”和“Christian Louboutin”品牌的鞋子照片，鞋底均被涂成红色，所有鞋子的鞋内底部均使用了“”标识，部分鞋子的鞋盒上使用了“”标识，部分鞋的鞋底上使用了“”标识，部分鞋底还印有不完整的字母，两只鞋底摆放在一起组成“”图形，每双鞋子均标注了码数、品质、颜色等信息，还有部分鞋子描述为“CL 原厂原单”“与原厂一致”“支持专柜比对”“原版高端复刻”

"配原版包装"等；（4）微信号为"Yang××××2008"、微信名称为"AO刘备_欧阳某_女装女鞋"的联系人发布的朋友圈中，有多款"CL"和"Christian Louboutin"品牌的鞋子照片，鞋底均被涂成红色，所有鞋子的鞋内底部均使用了""标识，部分鞋子的鞋盒上使用了""标识，部分鞋的鞋底上使用了""标识，部分鞋底还印有不完整的字母，两只鞋底摆放在一起组成""图形，每双鞋子均标注了码数、品质、颜色等信息，还有部分鞋子描述为"CL现货发售""高端复刻，档口原版""支持专柜比对""原版购入，拆版定制""可定制"等；（5）微信号为"×××××××××666"、微信名称为"刘备鞋业—支付宝××××××616@qq.com"的联系人发布的朋友圈中，有多款"CL"和"Christian Louboutin"品牌的鞋子照片，鞋底均被涂成红色，所有鞋子的鞋内底部均使用了""标识，部分鞋子的鞋盒上使用了""标识，部分鞋的鞋底上使用了""标识，部分鞋底还印有不完整的字母，两只鞋底摆放在一起组成""图形，每双鞋子均标注了代理价格、材质、码数、颜色等信息。

经查，www.3wcc.com网站的主办人为被告欧阳某，微信号"××××××××2016""××××××××666""××××××××2008"均由被告欧阳某注册。

另查，原告为该案支付公证费人民币9410元、取证费人民币4677元和律师费人民币27300元。

被告腾讯公司为证明其为网络服务提供商，已尽到微信管理平台的注意义务。提交了（2017）深前证字第035050号公证书予以证实，该公证书内容为《微信个人账号使用规范》和《微信朋友圈使用规范》，在上述规范中，腾讯公司明确告知微信用户不得上传侵犯他人合法权益的内容，一经发现有违反本规范的内容，将对违规内容进行删除等处理，且腾讯公司在微信客户端为权利人协调了便捷的投诉通道。

庭审中，原告明确其认为腾讯公司对侵权行为未尽到微信号的监管义务，确认被告腾讯公司已将该案涉及的微信号中的侵权内容删除，包括已删除微信号“××××××××2016”上展示的侵权产品的链接。

以上事实，有商标档案，（2018）粤广海珠第 4696 - 4700、4702 - 4705、4862、4863、4876、7157、7158 号公证书，网络上关于原告知名度的材料打印件，原告维权记录打印件，备案信息查询面打印件，时间戳证书及截图，手机录像视频，原告官方网站打印件，公证费发票，民事诉讼委托代理合同，律师费发票，证据保全账单，汇款通知等证据及庭审笔录在案佐证，足以认定。

一审判决

一审法院认为，原告是第 G914687 号“”注册商标、第 10854528 号注册商标、第 G1013915 号“”注册商标、第 G787286 号“CHRISTIAN LOUBOUTIN”注册商标和第 G902955 号注册商标的权利人，上述商标的核定使用商品均包括鞋子，且均在有效期内，原告对上述商标享有的专用权依法应受法律保护，任何组织和个人都不得侵犯。

根据《商标法》第五十七条的规定，“未经商标注册人的许可，在同一种商品或者在类似商品上使用与其注册商标相同或者近似的商标的”行为以及“销售侵犯注册商标专用权的商品的”行为，均属侵犯注册商标专用权行为。该案中，根据被告欧阳某在其经营的网站上和微信号上所展示的信息，以及原告提交的信息，可以认定其通过网站和微信销售、许诺销售鞋类商品，鞋类商品属于第 G914687 号“”注册商标、第 10854528 号注册商标、第 G1013915 号“”注册商标、第 G787286 号“CHRISTIAN LOUBOUTIN”注册商标和第 G902955 号注册商标核准使用的商品范围。同时，经比对，在前述商品上、被告网站上突出使用的标识与原告的注册商标完全相同，足以使消费者造成混淆、误认，被告欧阳某的行为已构成对原告注册商标权的侵犯，应承担相应的侵权责任，其除应立即停止侵权外，还应赔偿原告的损失。

原告认为被告欧阳某抄袭原告设计的鞋子款式、擅自使用与原告商品包装相同的标识并对产地进行虚假宣传，且抄袭原告官方网站上的文章并发布在其主办网站上的行为构成不正当竞争。根据《反不正当竞争法》第二条的规定，经营者在生产经营活动中，应当遵循自愿、平等、公平、诚信的原则，遵守法律和商业道德。被告仿冒原告产品设计、使用原告商品名称“红底鞋”、冒用原告产品包装、抄袭原告文章的行为，有借此获取更多销量的意图，该行为违反了经营活动应遵循的诚实信用原则，并有悖于公认的商业道德，构成不正当竞争。但考虑到《商标法》的强保护与《反不正当竞争法》的补充性、兜底性，对被告的同一行为，在已认定构成商标侵权的情况下，不再同时适用《反不正当竞争法》予以调整。对此，一审法院认为，应当依照《商标法》的规定处罚，一审法院对原告关于此方面的诉讼主张不予支持。

关于赔偿数额的问题。原告未提交证据证明侵权人在侵权期间因侵权所获得的利益，或者其在此期间因侵权所受到的实际损失。一审法院综合考虑被侵权商标的知名度、侵权行为的性质、侵权行为的时间长短以及原告为制止侵权行为所花费的合理开支等因素，酌定被告欧阳某应当赔偿原告经济损失人民币 15 万元。

被告腾讯公司为“微信”软件平台的经营者，其提供的系信息存储空间服务，在《微信个人账号使用规范》和《微信朋友圈使用规范》中，其已明确要求用户不得在微信中上传侵犯他人合法权益的内容，且设置了便捷的投诉通道。在收到该案应诉材料之后，其及时删除了微信中涉案的侵权内容，不应承担赔偿责任。庭审中，原告明确被告腾讯公司已删除微信号“××××××××2016”上展示侵权产品的相关链接，一审法院对于原告关于此方面的诉讼请求不再进行处理。

被告欧阳某无正当理由未到庭参加诉讼，系其对自己抗辩权利的放弃，一审法院依法可缺席判决。

综上所述，一审法院依据《商标法》第五十七条第（三）项、第六十三条，《最高人民法院关于审理商标民事纠纷案件适用法律若干问题的解释》第十六条、第十七条，《民事诉讼法》第六十四条、第一百四十四条之规定，判决如下：（1）被告欧阳某立即停止侵犯原告 Christian Louboutin 注册商标专用权的行为，销毁库存侵权商品；（2）被告欧阳某应于判决生效之日起 10 日内赔偿原告 Christian Louboutin 经济损失及合理开支共计人民币 15 万元；（3）驳回原告 Christian Louboutin 的其他诉讼请求。如果未按判决指定的期间履行给付金钱义务，应当依照《民事诉讼法》第二百五十三条之规定，加倍支付迟延履行期间的债务利息。该案受理费人民币 5800 元，由被告欧阳某负担。

二审判决

广东省深圳市中级人民法院认为，该案为侵害商标权纠纷，该案争议焦点为，一审酌定的赔偿数额是否合理。欧阳某主张，其侵权时间较短，销售有限，且涉案商标并非驰名商标，因此，一审认定的赔偿数额较高。二审法院认为，当事人对自己的主张有义务提供证据予以证明，欧阳某并未提交证据证明案涉侵权商品的销售时间、销售数量以及销售侵权商品所获得的利益，一审综合考虑被侵权商标的知名度、侵权行为的性质、侵权行为的时间长短以及为制止侵权行为所花费的合理开支等因素，酌定欧阳某赔偿 15 万元，并无不妥，二审法院予以确认。

综上，欧阳某的上诉请求，理由不成立，不予支持；一审判决认定事实清楚，适用法律正确，应予维持。依照《民事诉讼法》第一百七十条第一款第（一）项的规定，判决如下：驳回上诉，维持原判。二审案件受理费 3300 元，由上诉人欧阳某负担。

案例解析

该案是一起典型的侵害商标权纠纷诉讼，该案的争议焦点：一是被告欧阳某的被诉侵权行为是否构成侵害商标权行为和不正当竞争行为，以及在构成的情况下，被告应承担的责任；二是被告腾讯公司应否承担帮助侵权责任。

现结合该案，就知识产权法与反不正当竞争法的适用关系、网络服务提供者帮助侵害商标权的赔偿责任以及侵害商标权法定赔偿的适用再作简要的分析。

一、知识产权法与反不正当竞争法的适用关系

知识产权法与反不正当竞争法的适用关系仍是一个悬而未决的热议问题，由此引发的裁判上的分歧依然存在。知识产权法与反不正当竞争法的适用关系应区分两种情况分别讨论：一是在待决案件的被诉侵权行为本身构成对某种知识产权的侵害情况下，反不正当竞争法（一般条款）的适用；二是在待决案件的被诉侵权行为本身并不构成对某种知识产权的侵害情况下，反不正当竞争法（一般条款）的适用。前一情形常被忽略或者与后一情形相混淆。

在待决案件的被诉侵权行为本身构成对某种知识产权的侵害情况下，反不正当竞争法与知识产权法的适用关系，学界与实务界既有共识，也存分歧。共识在于：该情形下，虽然被告实施的同一行为使两种或其以上的民事责任构成要件同时得到满足，但因为成立的两种或其以上的民事责任功能相同，被告仅需承担其中一种民事责任。换言之，该情形属于责任竞合而非聚合的情形。争议的地方在于，该情形下，被告应承担何种责任。一种观点认为，在被诉侵权行为成立某种知识产权侵害行为的情况下，知识产权法与反不正当竞争法是特别法与一般法的关系，在适用上构成法条竞合，因此仅适用作为特别法的知识产权法即可，不再有任何反不正当竞争法的适用余地。另一种观点认为，反不正当竞争法与知识产权法在立法宗旨、调整方式等方面存有差异，两者的关系不能简单地以一般法和特别法加以概括，即便是与反不正当竞争法亲缘关系最近的商标法也是如此。因此，当待决案件的被诉侵权行为既符合某种知识产权侵害行为的构成要件，也落入反不正当竞争法一般条款的规制范围时，并不必然地优先适用某一知识产权法，而是类似刑法中的想象竞合，择重适用。这种平行适用论的观点更为可取。

在待决案件的被诉侵权行为本身并不构成对某种知识产权的侵害情况下，反不正当竞争法与知识产权法的适用关系，学界与实务界的分歧更甚。《最高人民法院关于当前经济形势下知识产权审判服务大局若干问题的意见》第十

一条、《最高人民法院关于充分发挥知识产权审判职能作用推动社会主义文化大发展大繁荣和促进经济自主协调发展若干问题的意见》第二十四条就该情形下的适用关系作了规定。依据这两个司法政策，反不正当竞争法为知识产权法提供扩展保护的前提条件是：知识产权专门法并未就待决案件的被诉侵权行为应否禁止作出穷尽性规定，且反不正当竞争法提供补充保护不抵触知识产权专门法的立法政策。换言之，根据最高人民法院的观点，仅有在知识产权专门法未予禁止的行为构成法律漏洞时，反不正当竞争法（一般条款）才有适用的余地。如果某种行为未被知识产权专门法禁止是立法者有意为之，而非疏漏的结果，在这种情况下适用反不正当竞争法给予扩展保护，则势必与知识产权专门法的立法政策相抵触，使该立法政策落空。

二、网络服务提供者帮助侵害商标权的赔偿责任

关于网络服务提供者帮助侵害商标权的赔偿责任的构成要件，首先需要明确所适用的法律。如果网络服务提供者为电子商务平台经营者，则应适用《中华人民共和国电子商务法》第四十二条第二款和第四十五条以明确构成要件；如果为其他网络服务提供者（如该案情形），则应适用《侵权责任法》第三十六条（在《中华人民共和国民法典》（以下简称《民法典》）施行后，则适用《民法典》第一千一百九十五条第二款及第一千一百九十七条）。根据上述规定，无论是电子商务平台经营者还是其他类型的网络服务提供者，在知道或者应当知道平台内经营者或者用户侵犯商标权，未采取删除、屏蔽、断开链接等必要措施继续为直接侵权提供便利，对商标权人造成损失的，应当（与平台内经营者或者用户连带）承担赔偿责任。网络服务提供者就知道或者应当知道后产生的损害部分承担赔偿责任。如果从一开始就知道或者应当知道平台内经营者或者用户侵犯商标权，则就全部损害承担赔偿责任。如果并非从一开始就知道或者应当知道，则就损害的扩大部分承担赔偿责任。由此，网络服务提供者帮助侵害商标权的赔偿责任的构成要件包括：第一，平台内经营者或者用户侵犯商标权。第二，电子商务平台经营者或者其他类型的网络服务提供者知道或者应当知道平台内经营者或者用户侵犯商标权。

“知道”即明知。接到商标权人的合格通知推定网络服务提供者知道。“应当知道”则指“不知但应知”。第三，电子商务平台经营者或者其他类型的网络服务提供者为直接侵权提供了帮助。这里的“帮助”仅指消极的不作为，即未采取删除、屏蔽、断开链接等必要措施，不包括积极作为，比如提供技术支持。第四，给商标权人造成了损失。

在上述四项构成要件中，最为关键也最难以把握的要件即电子商务平台经营者或者其他类型的网络服务提供者应当知道平台内经营者或者用户侵犯商标权。如上所述，应当知道意指（不知道但）应知。换言之，网络服务提供者在不应知的情况下不知道平台内经营者或者用户侵犯商标权，并不满足该要件。因此，该要件成立与否的关键就在于网络服务提供者是否应知。“应知”代表了一项相关事实查明义务。网络服务提供者是否承担查明平台内经营者或者用户有无侵犯商标权的义务，不能一概而论，只能作个案的认定。网络服务提供者是否承担上述事实查明义务，取决于以下两项因素的权衡：一个是事实查明成本，另一个是查明相关事实所能避免的侵权带来的损失。事实查明成本越低，且所能避免的侵权损失越大，则网络服务提供者承担事实查明义务的可能性越大；反之则反。事实查明成本和所能避免的侵权损失这两项因素本身又取决于其他一些因素。比如，事实查明成本受侵害商标权事实的明显程度、网络服务提供者管理信息的能力、接收侵权通知程序的便捷度、有无直接获得经济利益等因素的影响。所能避免的侵权损失受商标的知名度、所提供的服务引发侵权可能性的大小等因素影响。而这些因素又与网络服务提供者所提供的服务性质、类型紧密相关。

三、侵害商标权法定赔偿的适用

根据《商标法》第六十三条第三款的规定，在实际损失、侵权获利和注册商标许可使用费难以确定的情况下，法官可以适用法定赔偿确定赔偿数额。法定赔偿计算方式的适用关键在于其考量因素。而《商标法》仅笼统地规定了“侵权行为的情节”这项因素，难以对审判起到明确的指引并使公众有明确的预期。北京市高级人民法院发布的《关于侵害知识产权及不正当竞争案件确定损害赔偿的指导意见及法定赔偿的裁判标准》（以下简称《裁判标准》）对侵害商标权法定赔偿计算方式的适用作了有益的探索。

《裁判标准》第7.1条将《商标法》规定的法定赔偿考量因素细化为涉案商标的显著性、知名度、声誉，商标权人的商品单价及利润，被诉侵权商品的单价及利润，被告的类型、经营方式、经营规模、侵权情节、主观恶意等因素。《裁判标准》的最大特色在于，根据侵害商标权主体的类型先确定一个基本赔偿标准，然后再在基本赔偿标准之上通过参考其他酌加或者酌减因素以确定最终的赔偿数额。就该案而言，被告欧阳某属于《裁判标准》所列的线上销售直接侵权者。依第7.5条的规定，这一类型的被告的基本赔偿标准可参照线下销售直接侵权的情形，即在无其他参考因素时，为2000元至3万元。线上销售商的酌加因素有3项：第7.6条规定的情形、涉案商标或者商标权人的知名度以及侵权情节严重。依第7.6条的规定，线上销售直接侵权具备下列情形之一的，在上述基本赔偿标准的基础上酌情提高1—5倍：被诉侵权商品的销售数量、用户评论数量较大；线上店铺的关注量、收藏量、店铺会员量较大；使用涉案商标的商品价格较高；其他情形。涉案商标或者商标权人的知名度较高的，在上述基本赔偿标准的基础上酌情提高1—5倍。涉案商标在被诉行为发生及持续期间为驰名商标的，在上述基本赔偿标准的基础上酌情提高5—10倍。侵权情节严重包括下列四种情形：被诉行为持续时间较长；被诉行为涉及区域范围较广；侵权获利数额较大；其他情形。侵权情节严重的，在上述基本赔偿标准的基础上酌情提高1—5倍。《裁判标准》还确立了两个酌减因素：一个是第7.10条规定的不合理批量维权，另一个是计算出的赔偿数额具有明显不合理高于涉案商标市场价值等情形。如果待决案件属于不合理的批量维权，则按上述基本赔偿标准下限的60%—70%确定赔偿数额。

3

第三部分　涉外著作权纠纷

10 作品发行行为与复制行为的区别

——广州市天海花边有限公司、广东天海花边有限公司、TIAN LACE USA INC.、诉广州铠琪有限公司、广州禾顺服饰实业有限公司著作权侵权纠纷案

裁判要旨

根据受控行为界定专有权利的基本原则，要准确把握复制权必须理解受复制权控制的复制行为。著作权法上的复制行为具有以下构成要件：一是该行为应当在有形物质载体上再现作品，即复制行为必须将作品通过印刷、复印等方式在有形物质载体上再现作品；二是该行为应当使作品被相对稳定和持久地固定在有形物质载体上，形成作品的一份或者多份复制件。对于同一复制件的再次利用并不是复制行为，除非在再次利用过程中实施新的复制行为。

著作权法中，合法来源抗辩应包含两方面的构成要件：一是客观上来源合法，二是主观上不知晓复制品侵权。对于复制品的发行者，并不能一概以未对著作权人有否授权进行审查而认定其具有主观过错，仍应视具体情形予以分析认定。

入选理由

该案系一起典型的侵害著作权纠纷案件。该案对受复制权调整的复制行

为与受发行权调整的发行行为作了精准的区分，明晰了复制权与发行权的控制范围。现行《中华人民共和国著作权法》（以下简称《著作权法》）有关合法来源抗辩的规定较为粗糙，该案明确了著作权语境下合法来源抗辩的主观与客观要件，对今后审理同类案件具有重要的示范意义。

案例索引

一审案号：广东省广州市越秀区人民法院（2017）粤0104民初23435号

二审案号：广州知识产权法院（2019）粤73民终3588号

基本案情

上诉人（一审原告）：广州市天海花边有限公司（以下简称“广州天海公司”）

上诉人（一审原告）：广东天海花边有限公司（以下简称“广东天海公司”）

上诉人（一审原告）：TIANHAI LACE USA INC.（以下简称“美国天海公司”）

被上诉人（一审被告）：广州铠琪有限公司（以下简称“铠琪公司”）

被上诉人（一审被告）：广州禾顺服饰实业有限公司（以下简称“禾顺公司”）

一审第三人：深圳盈丰舜彩贸易有限公司（以下简称“盈丰公司”）

一审诉请

广州天海公司、广东天海公司、美国天海公司向一审法院起诉请求：（1）判令铠琪公司、禾顺公司立即停止生产、销售侵犯广州天海公司、广东天海公司、美国天海公司A0342号花型著作权的产品；（2）判令铠琪公司、禾顺公司共同赔偿广州天海公司、广东天海公司、美国天海公司经济损失及合理费用人民币 30 万元；（3）判令诉讼费用由铠琪公司、禾顺公司承担。

案件事实

一审法院经审理查明：

（1）涉案作品的权利来源及状况事实

广州天海公司、广东天海公司、美国天海公司提交的经公证认证的美国版权局注册证书显示：作品花型图案 A0342 完成于 2009 年，于 2009 年 5 月 26 日首次发表于中国，作者为 TIANHAI LACE CO.，LTD、TIANHAI LACE（GUANGDONG）LTD、TIANHAI LACE USA INC，后附的作品样图显示为花朵与网眼组成的重复效果图案。经工商行政管理部门备案的广州天海公司《中外合作经营企业章程》载明广州天海公司的英文名称为 TIANHAI LACE CO.，LTD，广东天海公司的英文名称为 TIANHAI LACE（GUANGDONG）LTD。广州天海公司、广东天海公司、美国天海公司提交了其生产上述花型布料实物以及于 2010 年、2011 年进行销售的订单、发票等证据。

（2）涉案被诉侵权行为事实

广东省广州市南方公证处出具的（2015）粤广南方第 085813 号公证书载明，广州天海公司的委托代理人于 2015 年 10 月 21 日在该处公证员及公证员助理的监督下，在广州市天河区天河路 28 号正佳广场友谊商场二楼KAISERIN PARIS 专柜购买了连衣裙一件，支付价款 2088 元，公证员将上述购买所得的连衣裙及相关销售清单、发票等一并封存后交给天海公司的委托代理人等。经当庭拆封，公证封存物为一件黑色连衣裙，在连衣裙两侧及肩袖部位缝接使用了黑色蕾丝布料，该黑色蕾丝布料为花型图案，连衣裙吊牌标明商标"KAISERIN"、货号为 D152915、中国总经销铠琪公司等信息。铠琪公司确认该连衣裙系其委托禾顺公司生产并由铠琪公司销售，广州天海公司、广东天海公司、美国天海公司及铠琪公司、禾顺公司均确认上述蕾丝布料上的花型与广州天海公司、广东天海公司、美国天海公司主张涉案权利作品花型一致。

2015 年 12 月 14 日，广州天海公司委托律师向铠琪公司发送律师函，称铠琪公司生产、销售的上述连衣裙侵犯了广州天海公司享有的著作权，要求铠琪公司立即停止侵权并与广州天海公司协商沟通解决等。铠琪公司此后发送复函称上述连衣裙系铠琪公司委托禾顺公司生产，铠琪公司并非生产方，而经了解禾顺公司使用的相关花边有合法来源，系采购自第三人盈丰公司，故铠琪公司并不存在侵犯广州天海公司著作权的行为等。

铠琪公司提交公司文件一份，该文件载明营运中心收到广州天海公司发送的律师函，称款号 D152915 产品使用的蕾丝花边侵犯其著作权，在相关事实待核实情况下，建议公司对该款产品全部作下架处理等。审批人在该文件上批复“立即通知各专柜遵照执行”。铠琪公司据此表示其已停止销售带有涉案蕾丝花边的连衣裙。广州天海公司、广东天海公司、美国天海公司表示对此无法确认，但在公证取证后暂未发现铠琪公司继续销售涉嫌侵权商品。

（3）铠琪公司、禾顺公司抗辩的来源事实

铠琪公司与禾顺公司于 2015 年 1 月 1 日签订合同，约定铠琪公司向禾顺公司提供生产订单、加工服装的样衣、生产制造单、工艺单等，禾顺公司按照铠琪公司的要求进行包工、包料的加工，包括贴牌货品的加工生产等。禾顺公司与第三人盈丰公司签订《产品供需合同》，约定禾顺公司向盈丰公司订购货号为 YF18037 - 2 的服饰面料，幅宽为 145cm，颜色为黑色，数量为 300m，单价为 75 元，金额为 2500 元；付款方式为 30% 预付款，60% 发货款，10% 收货检验合格后 10 个工作日内付清；盈丰公司按禾顺公司确认的颜色及手感质地生产大货，按合同数量交货，短溢装范围为 0— ±5% 等。铠琪公司、禾顺公司提交了广州铠琪布料采购单和布料入库单，广州铠琪布料采购单载明供应商为盈丰公司，面料编号为 YF18037 - 2，幅宽为 145cm，单价为 75 元，色号为黑色，数量为 300m，样布号为 Q1410092，大货号为 K1510002，并附有 D152915 连衣裙图片及黑色蕾丝布料布样；布料入库单载明供应商为盈丰，布料编号为 K1510002，布料名称为蕾丝面料，颜色为黑色，幅度为 145cm，单价为 75 元，数量为 317m，金额为 23775 元。盈丰公司于 2015 年 6 月 11 日开具增值税发票，载明购买方为禾顺公司，货物为针织布，价税总额为 32355 元。根据广发银行客户回单，禾顺公司分别于 2014 年 7 月 21 日、2015 年 11 月 30 日、2016 年 5 月 24 日向盈丰公司转账 6750 元、10000 元、

15605 元。铠琪公司、禾顺公司表示上述《产品供需合同》、广州铠琪布料采购单、布料入库单就是向盈丰公司采购涉案被诉侵权的蕾丝布料所形成，增值税发票及银行回单是支付该采购货款，所多余的 8580 元是支付此前拖欠的运费款，并就此提交了一份对账单，显示由香港盈丰国际贸易公司发送给铠琪公司，日期为 2011 年 4 月 21 日，合计需支付运费 8580 元至吴某名下银行账户等。第三人盈丰公司在庭审中确认上述公证封存的连衣裙上使用的黑色蕾丝布料系其销售给禾顺公司，并表示其是从案外人威海市元甲针织有限公司采购所得。此外，铠琪公司、禾顺公司及盈丰公司均表示涉案布料系由盈丰公司提供布料样板给铠琪公司、禾顺公司，铠琪公司、禾顺公司选定后进行试生产，试生产确定后再向盈丰公司批量订购布料。

（4）其他事实

铠琪公司是成立于 2000 年的有限责任公司，注册资本为 1000 万元，经营范围为服装批发、服装零售、服装辅料批发、货物进出口、时装设计服务等。禾顺公司是成立于 2013 年的有限责任公司，注册资本为 50 万元，经营范围为服饰制造、机织服装制造、服装批发等。第三人盈丰公司是成立于 2011 年 9 月 15 日的有限责任公司，经营范围为纺织品、服装、鞋类的购销、国内贸易、经营进出口业务等。广州天海公司、广东天海公司、美国天海公司主张铠琪公司、禾顺公司共同侵犯了其涉案作品的复制权和发行权。广州天海公司、广东天海公司、美国天海公司表示没有因铠琪公司、禾顺公司涉嫌侵权造成损失或铠琪公司、禾顺公司获利的证据，请求法院予以酌定，其中为维权支出的合理费用包括律师费 10000 元、公证购买费 2088 元、公证费 550 元，并就此提供了民事委托代理合同、律师费发票、公证费发票。其中民事委托代理合同编号为（2017）粤法盛民字 2639 号，载明广州天海公司、广东天海公司、美国天海公司上诉请求委托广东法制盛邦律师事务所作为与铠琪公司、禾顺公司著作权侵权纠纷案件的委托代理人，律师费为 10000 元等；律师费发票载明购买方为广州天海公司，销售方为广东法制盛邦律师事务所，金额为 10000 元，备注（2017）粤法盛民字 2639 号；公证费发票载明付款方为广州天海公司，收款方为广东省广州市南方公证处。

一审判决

一审法院认为，著作权法所称作品，指文学、艺术和科学领域内具有独创性并能以某种有形形式复制的智力成果，美术作品是指绘画、书法、雕塑等以线条、色彩或者其他方式构成的有审美意义的平面或者立体的造型艺术作品。广州天海公司、广东天海公司、美国天海公司主张权利的涉案 A0342 花型图案系以线条、色彩等要素组成的有审美意义的造型艺术作品，且其花朵的形状、花朵间的组合以及花朵与网纹的处理等方面均体现了作者独特的技巧和表达，具有一定的艺术性，属于著作权法所保护的美术作品。广州天海公司、广东天海公司、美国天海公司提供了涉案作品著作权登记文件，并履行了公证认证手续。在铠琪公司、禾顺公司未能提供相反证明予以推翻的情况下，一审法院认定 TIANHAI LACE USA INC、TIANHAI LACE（GUANGDONG）LTD.、TIANHAI LACE CO.，LTD 共同享有涉案美术作品的著作权。广州天海公司、广东天海公司、美国天海公司提交的经工商行政管理部门备案的广州天海公司《中外合作经营企业章程》，载明了广州天海公司的英文名称为 TIANHAI LACE CO.，LTD，广东天海公司的英文名称为 TIANHAI LACE（GUANGDONG）LTD，故可确认涉案作品的著作权人即为广州天海公司、广东天海公司、美国天海公司。美国天海公司系依美国法律设立的公司，我国和美国均为《保护文学和艺术作品伯尔尼公约》的成员国，依照《著作权法》的规定，广州天海公司、广东天海公司、美国天海公司对涉案作品享有的著作权受我国法律保护。

综合（2015）粤广南方第 085813 号公证书所载内容及当事人陈述，铠琪公司销售了涉案公证购买的连衣裙，该连衣裙系铠琪公司委托禾顺公司生产。连衣裙两侧及肩袖上缝接使用的蕾丝布料上所使用的花型图案与广州天海公司、广东天海公司、美国天海公司主张权利的作品在图案排列、组合、花蕊与花瓣的结合等方面基本一致，两者构成实质性相似。结合现有证据以及庭审陈述，双方当事人的主要争议焦点为：（1）铠琪公司、禾顺公司有否实施复制行为；（2）铠琪公司、禾顺公司有否侵害广州天海公司、广东天海公司、美国天海公司的发行权；（3）倘若铠琪公司、禾顺公司构成侵权，其行为是否具备免责情形。

针对以上争议焦点，一审法院评析如下：

（1）关于铠琪公司、禾顺公司有否实施复制行为。根据《著作权法》的规定，复制权是以印刷、复印、拓印、录音、录像、翻录、翻拍等方式将作品制作一份或者多份的权利。按照著作专有权利控制特定行为的原理，受复制权控制的复制行为就是以一定方式将作品制作一份或者多份的行为，即作品数量上需实现从一到二、从少到多的过程。具体到该案中，涉案连衣裙上的蕾丝布料上使用了广州天海公司、广东天海公司、美国天海公司享有权利的美术作品。从作品复制角度而言，生产该带有美术作品的蕾丝布料的行为实现了该作品从少到多，属于复制行为；而使用该蕾丝布料加工、生产服装并进行销售的行为并未导致作品的数量产生变化，即作品复制行为到生产蕾丝布料完成时即已结束，生产制造服装并销售的行为并不属于复制行为。根据铠琪公司、禾顺公司举证以及盈丰公司的陈述，一审法院可以确认涉案蕾丝布料系自盈丰公司处采购获得，故铠琪公司、禾顺公司并非该蕾丝布料的生产者，未实施复制行为，广州天海公司、广东天海公司、美国天海公司主张铠琪公司、禾顺公司侵犯复制权缺乏依据。

（2）关于铠琪公司、禾顺公司有否侵犯广州天海公司、广东天海公司、美国天海公司的发行权。铠琪公司委托禾顺公司生产涉案连衣裙后由铠琪公司进行对外销售，从而使公众购买连衣裙时获取了涉案作品的复制件，属于发行权所控制的发行行为。铠琪公司未经广州天海公司、广东天海公司、美国天海公司许可，发行涉案作品，侵犯了广州天海公司、广东天海公司、美国天海公司对涉案作品享有的发行权，依法应承担停止侵权的民事责任。铠琪公司表示其在收到广州天海公司发送的律师函后就下架了涉案连衣裙未继续销售，并提交了其公司文件予以证实，况且广州天海公司、广东天海公司、美国天海公司也表示在公证取证后暂未发现铠琪公司有继续销售行为，故一审法院对铠琪公司称其已经下架涉案商品停止了销售的陈述予以采信，无须再判令铠琪公司停止侵权。

（3）关于铠琪公司的上述侵权行为是否具备免责情形。根据《著作权法》第五十三条以及《最高人民法院关于审理著作权民事纠纷案件适用法律若干问题的解释》第十九条的规定，复制品的制作者不能证明其制作有合法授权的，复制品的发行者不能证明其发行的复制品有合法来源的，应当承担法律责任；制作者应当对其制作有合法授权承担举证责任，发行者应当对其发行的复制品有合法来源承担举证责任。该案中，铠琪公司委托禾顺公司生产涉案带有蕾丝布料的连衣裙，是服装的制造者，但如前文所述，对涉案作品的复制行为至蕾丝布料生产完毕时已经终结，而铠琪公司、禾顺公司并非该蕾丝布料的生产者，未实施复制行为，故其并非复制品的制作者，而仅是复制品的发行者，应对发行的复制品有合法来源承担举证责任。该"合法来源"应包含两方面：一为客观上来源合法，二为主观上不知晓复制品侵权。客观方面，铠琪公司、禾顺公司就复制品即蕾丝布料的取得提供了产品供需合同增值税发票、银行客户回单的完整证据以证实该蕾丝布料系通过合法渠道自盈丰公司处购买所得，盈丰公司对该事实也予以确认，因此在客观上铠琪公司、禾顺公司获取该蕾丝布料的来源合法。主观方面，铠琪公司、禾顺公司在购进蕾丝布料用于生产涉案连衣裙时虽未着重审查其所涉作品权属情况，但由于其并非复制品的制作者，并不能一概以未对著作权人有否授权进行审查而认定具有主观过错，仍应视具体情形予以分析认定。该案中铠琪公司、禾顺公司用以加工制作连衣裙的涉案蕾丝布料上使用了广州天海公司、广东天海公司、美国天海公司享有权利的花边图案，但该花边图案使用在蕾丝布料上不同于一般的美术作品，并不具有显著的可辨别性，尤其是在未与作品或广州天海公司、广东天海公司、美国天海公司授权生产的产品进行同时比对的情况下，铠琪公司、禾顺公司难以注意到涉案蕾丝布料所涉的著作权侵权风险亦属正常，况且现有证据无法证实铠琪公司、禾顺公司知道或应当知道该蕾丝布料是侵犯广州天海公司、广东天海公司、美国天海公司著作权利的复制品，其主观上亦无过错。综上，铠琪公司、禾顺公司就其发行的复制品有合法来源进行了举证，依法可不承担侵权赔偿责任。但铠琪公司的销售行为确实侵犯了广州天海公司、广东天海公司、美国天海公司对涉案作品的发行权，尽管依据以上论述可不承担侵权赔偿责任，但广州天海公司、广东天海公司、美国天海公司为制止铠琪公司的涉案侵权行为支出了合理费用，该些费用应由侵权人即铠琪公司承担。广州天海公司、广东天海公司、美国天海公司主张其为制止侵权支出了律师费10000元、公证购买费2088元、公证费550元，合计12638元，并提供了相关证据予以证实，一审法院予以确认。该些费用确系广州天海公司、广东天海公司、美国天海公司为制止侵权所支出的必要合理费用，铠琪公司应向广州天海公司、广东天海公司、美国天海公司支付该费用。

综上，一审法院依照《著作权法》第二条、第十条第一款第（五）项与第（六）项、第四十九条、第五十三条，《中华人民共和国著作权法实施条例》第二条、第四条第（八）项，《最高人民法院关于审理著作权民事纠纷案件适用法律若干问题的解释》第七条第一款、第十九条、第二十六条之规定，判决如下：（1）铠琪公司于一审判决发生法律效力之日起10日内，向广州天海公司、广东天海公司、美国天海公司支付为制止侵权支出的合理开支共计人民币12638元；（2）驳回广州天海公司、广东天海公司、美国天海公司的其他诉讼请求。一审案件受理费人民币5800元，由广州天海公司、广东天海公司、美国天海公司负担人民币2778元，铠琪公司负担人民币3022元。

二审判决

二审法院认为，《民事诉讼法》第一百六十八条规定，第二审人民法院应当对上诉请求的有关事实和适用法律进行审查。《最高人民法院关于适用〈中华人民共和国民事诉讼法〉的解释》第三百二十三条规定，第二审人民法院应当围绕当事人的上诉请求进行审理。当事人没有提出请求的，不予审理，但一审判决违反法律禁止性规定，或者损害国家利益、社会公共利益、他人合法权益的除外。基于上述规定，二审法院围绕双方上诉请求进行审查，结合双方当事人的诉辩意见，认为该案存在以下争议焦点问题：（1）铠琪公司、禾顺公司是否实施复制行为；（2）铠琪公司主张合法来源抗辩能否成立。

（1）铠琪公司、禾顺公司是否实施复制行为

《著作权法》根据对于作品的利用行为的各种类型来具体规定著作财产权的权利内容。复制权是著作财产权中最核心的权利，是指权利人有权将作品制作一份或者多份的权利，属于著作权人享有的复制作品的专有权利。根据受控行为界定专有权利的基本原则，要准确把握复制权，必须理解受到复制权控制的复制行为。著作权法上的复制行为具有以下构成要件：一是该行为应当在有形物质载体上再现作品，即复制行为必须将作品通过印刷、复印等方式在有形物质载体上再现；二是该行为应当使得作品被相对稳定和持久地固定在有形物质载体上，形成作品的一份或者多份复制件。该案中，在涉案蕾丝布料上再现被诉侵权作品的行为属于复制行为。铠琪公司、禾顺公司利用蕾丝布料加工生产涉案连衣裙并非著作权法上的复制行为，即铠琪公司、禾顺公司利用涉案蕾丝布料生产、加工涉案连衣裙属于对侵权复制品的利用行为：其使用的是涉案蕾丝布料这一客体，可以直接利用这一有形物质载体生产出各种不同类型的服饰，但利用已复制作品的有形物质载体复制件行为本身并非二次或者再次复制行为，而是对于复制件的使用行为，其本身并不构成著作权法上的复制行为。在布料上复制作品构成侵害复制权，而对于同一复制件的再次利用并不是复制行为，除非在再次利用过程中实施新的复制行为。该案涉案蕾丝布料与涉案连衣裙均是同一复制件，不可能存在既在生产布料时实施复制行为，而在制作成品连衣裙时又实施复制行为。因此，一审法院认定铠琪公司、禾顺公司加工、生产涉案连衣裙的行为不构成复制行为的结论正确，二审法院依法予以维持。该案需要将布匹制造与连衣裙制造这两个行为进行细致区分，制造布匹上呈现涉案作品属于复制行为，对于复制件进行再次生产不构成复制，除非再次实施复制行为。

（2）铠琪公司主张合法来源抗辩能否成立

各方当事人对于铠琪公司实施发行行为不持异议，二审法院经审查后依法予以确认。基于该行为未经权利人许可已构成侵权，铠琪公司合法来源抗辩能否成立是确定是否承担民事责任的核心。依照《著作权法》第五十三条以及《最高人民法院关于审理著作权民事纠纷案件适用法律若干问题的解释》

第十九条的规定，铠琪公司必须提供证据证明其发行的复制品存在合法来源。著作权法设置合法来源法律制度的根本目的在于维护市场交易安全，保护善意第三人的合法利益，提升交易效率。由于铠琪公司的行为属于发行行为，其购买涉案蕾丝布料时主观上具有善意，且在得知侵权行为时已停止侵权，其合法来源抗辩成立，因此不应当侵权承担赔偿责任。二审法院同意一审法院的观点，对此不再予以赘述。但对于权利人为维权而支付的合理费用，不得主张免除。

综上所述，广州天海公司、广东天海公司、美国天海公司的上诉请求不成立，应予驳回；一审判决认定事实清楚，适用法律正确，应予维持。二审法院依照《民事诉讼法》第一百七十条第一款第（一）项的规定，判决如下：驳回上诉，维持原判。二审案件受理费人民币 5610.43 元，由广州天海公司、广东天海公司、美国天海公司负担。

案例解析

该案是一起典型的侵害著作权纠纷诉讼。该案的争议焦点：一是铠琪公司、禾顺公司实施的被诉侵权行为是否构成对复制权的侵害；二是铠琪公司、禾顺公司提出的合法来源抗辩是否成立，进而是否可不承担赔偿责任。现结合该案，对复制权、发行权的调整范围以及合法来源抗辩成立与否的判断标准再作简要的分析。

一、复制权、发行权的调整范围

任何一项权利都调整、规制一类行为。所调整的该类行为，仅该权利的享有者可以实施。在无正当理由的情况下，他人未经许可实施受调整之行为的，构成对该权利的侵害。

作为（狭义）著作权最基本的权项，复制权调整的是复制行为。根据《著作权法》第十条第一款第（五）项的规定，受复制权调整的复制行为是指以印刷、复印、拓印、录音、录像、翻录、翻拍等方式将作品制作成一份或多份的行为。从学理上说，一项行为是否构成复制行为，取决于行为的结果。复制行为是产生作品复制件的行为。具言之，复制行为是将作品相对稳定和持久地固定在一定物质载体上，从而形成一份或多份作品复制件的行为。从最初的手抄，到拓印、印刷，机械录制，到复印、刻录、扫描、上传、下载，再到现今的3D打印，复制行为的种类随复制技术的进步而不断增多。根据设计图制造产品的行为是否构成复制行为取决于该产品是否构成作品（具体是实用艺术作品）。依设计图制造不构成作品之产品的行为已跨入技术领域，应属专利法的调整范围。发行权调整的是发行行为。所谓发行行为，是指通过移转作品原件或者复制件所有权的方式传播作品的行为。发行行为与复制行为的区别在于，前者使作品复制件得以产生，而后者并不产生作品复制件，其仅是将已有作品复制件的所有权转让。

该案中，被告铠琪公司从第三人盈丰公司处购入固定有涉案作品（A0342花型图案）的蕾丝布料，并委托被告禾顺公司生产涉案连衣裙，再由其进行销售。铠琪公司、禾顺公司并未将涉案作品固定在蕾丝布料上，因此并未实施复制行为，自然也就没有侵害复制权。假设涉案作品并非布料上的图案，而是连衣裙的款式，则生产连衣裙的行为构成复制行为。

二、合法来源抗辩成立与否的判断标准

《著作权法》第五十三条规定了合法来源抗辩制度。在著作权的语境下，该制度赋予作品复制件的发行者和电影作品或者以类似摄制电影的方法创作的作品、计算机软件、录音录像制品的复制品的出租者对抗著作权人赔偿请求的抗辩权。合法来源抗辩仅能使被诉的发行者、出租者不承担赔偿责任，但不豁免停止侵害的责任。被诉侵权人在诉讼中提出合法来源抗辩以图避免承担赔偿责任的现象并不鲜见。该制度在司法实践中也引发了较大的争议。其中，争议的主要焦点在于合法来源抗辩的构成要件及其所要求的证据、证明标准。为明确合法来源抗辩成立与否的判断标准，必须首先把握确立合法来源抗辩制度的理由。

与物权法所确立的公信原则、善意取得制度一样，合法来源抗辩制度也发生在无权处分的情境下，与作品复制件的发行者、出租者做成交易的前手缺乏著作权的处分权限。无权处分的处理结果关系到两个相对立、无法同时实现的利益：善意受让人的利益与权利人的利益。无论是公信原则、善意取得制度，还是合法来源抗辩制度，都选择优先实现善意受让人的利益。为什么不优先保护权利人的利益，使无权处分处于效力待定的状态；反而优先保障善意受让人的利益，使受让人为善意情况下的无权处分成为有效的民事法律行为？直接的理由是，优先实现善意受让人的利益有助于保障交易安全。可为什么要在制度上确保善意受让人的交易目标能够如愿实现、免于落空？为什么不放任这种交易目标落空的情况，把这种情况当作正常的市场风险？理由是，如果不在制度上保障交易安全，则相关的市场交易数量将会减少甚或（在一定条件下）将不会有相关交易的发生。交易能够创造财富。交易减少或者不发生的局面显然不是立法者乐见的。假设制度上并不存在诸如公信原则、善意取得、合法来源抗辩等保障交易安全的机制，如果与善意受让人交易的对方当事人是无权处分，则善意受让人的交易目的将会落空，从而招致损失。为避免损失的发生，预见到这一前景的善意受让人将被迫投入更多的时间、精力、金钱去调查其交易对象有无相应的处分权限。这便构成了交易费用。如果交易费用高过善意受让人从交易中获得的收益，则理性的善意受让人将在事前放弃相关交易。综上，与公信原则、善意取得一样，合法来源抗辩制度旨在降低交易费用，鼓励交易的发生。

明确合法来源抗辩制度的宗旨及目的，对于准确把握《著作权法》中合法来源抗辩的构成要件具有重要的作用。因为与《商标法》第六十四条第二款、《专利法》第七十条有关合法来源抗辩的规定相较，《著作权法》第五十三条的规定非常粗疏，仅明确了复制件有合法来源这一要件，《最高人民法院关于审理著作权民事纠纷案件适用法律若干问题的解释》第十九条也仅明确复制件有合法来源这一要件由被告负担证明责任。

《著作权法》下的合法来源抗辩的成立同样需要具备客观与主观要件。客观要件包括两个：一个是来源合法，另一个是来源明确。[1] 来源合法要件意指，被诉的发行者、出租者是通过与前手的合法交易取得了被控侵权复制件。该要件的重点有三个：首先，被诉的发行者、出租者与特定主体之间存在有效的合同关系；其次，双方交易的标的物是被诉侵权复制件；最后，被诉的发行者、出租者取得了被控侵权复制件，也即双方当事人依约履行了合同。与之相应，为证明该要件成立，提出合法来源抗辩的发行者、出租者必须举出书面合同等表明合同关系的证据，证明交易标的物就是被诉侵权复制件的证据，送货或收货凭证、支付凭证（如发票、转账记录）等表明双方实际履行合同的证据。该要件的证明标准要根据发行者、出租者的经营规模、财务制度的规范程度而有所区别。来源明确要件是指被诉的发行者、出租者必须说明提供者。说明提供者，必须达到能够明确交易对象、前手具体身份的程度，不能仅提供产品来源线索。[2]《商标法》下的合法来源抗辩制度规定了来源明确这一要件，而《专利法》和《著作权法》皆无。《著作权法》下的合法来源抗辩也应包含来源明确要件，因为虽然在无权处分的情境下，立法者在权利人与善意受让人的冲突利益之间优先保护了善意受让人的利益，但不意味着对权利人的利益就完全不予考虑。设立来源明确要件，能帮助权利人查清侵权源头，亦不会过于加重发行者、出租者的负担。主观要件即《商标法》第六十四条第二款、《专利法》第七十条中所说的“不知道”。司法实践将“不知道”要件界定为不知且不应知。就《著作权法》下的合法来源抗辩而言，“不知道”具体是指被诉发行者、出租者事实上不知道与之交易的对方当事人为无权处分人，而且也没有义务去查明与之交易的对方当事人是否为无权处分人。“不知道”易于判断，判断被诉发行者、出租者“应不应知”则是难点所在。被诉发行者、出租者应不应知取决于其应否负有事实查明义务。而被诉发行者、出租者应否负有事实查明义务，则取决于以下两个因素的权衡：一个是被诉发行者、出租者查明与之交易的对方当事人是否为无权

[1] 陈中山．合法来源抗辩的审查认定［J］．人民司法，2019（28）：37－38．

[2] 陈中山．合法来源抗辩的审查认定［J］．人民司法，2019（28）：37．

处分人的成本，另一个是查明前述事实所能避免的损失。调查成本越低，查明事实所能避免的损失越大，则负有事实查明义务的可能性越大；反之则反。这两个因素反过来又取决于诸如抗辩者的主体性质、被控侵权产品的特点等因素。[1] 基于“不知道”的要件的消极事实属性，该要件一般由权利人负担证明责任，由权利人证明被诉发行者、出租者“明知”或者“（不明知但）应当知道”。

[1] 陈中山．合法来源抗辩的审查认定［J］．人民司法，2019（28）：39.